高效学习

高效能人士的7个学习习惯

〔日〕和田秀树 ◎ 著

蓝朔 ◎ 译

勉強したくなった人のための
大人の「独学」法

北京联合出版公司
Beijing United Publishing Co.,Ltd.

图书在版编目（CIP）数据

高效学习：高效能人士的7个学习习惯 /（日）和田秀树著；蓝朔译. —北京：北京联合出版公司，2018.9（2022.7重印）
ISBN 978-7-5596-2369-0

Ⅰ.①高… Ⅱ.①和… ②蓝… Ⅲ.①学习方法 Ⅳ.①G442

中国版本图书馆CIP数据核字（2018）第164307号

著作权合同登记号：01-2018-4043

BENKYO SHITAKU NATTA HITONO TAMENO OTONANO "DOKUGAKUHOU" by Hideki Wada
Copyright © Hideki Wada 2017
All rights reserved.
Original Japanese edition published by DAIWASHOBO CO.,LTD.
Simplified Chinese translation copyright © 2018 by BEIJING MEDIATIME BOOKS.,LTD.
This Simplified Chinese edition published by arrangement with DAIWASHOBO CO.,LTD., Tokyo, through HonnoKizuna, Inc., Tokyo, and Eric Yang Agency, Inc.

高效学习：高效能人士的7个学习习惯

著　　者：〔日〕和田秀树
译　　者：蓝　朔
总 发 行：北京时代华语国际传媒股份有限公司
责任编辑：管　文
封面设计：吉冈雄太郎
版式设计：胡玉冰
责任校对：许　罡

北京联合出版公司出版
（北京市西城区德外大街83号楼9层　100088）
三河市宏图印务有限公司印刷　新华书店经销
字数150千字　　880毫米×1230毫米　1/32　　7印张
2018年9月第1版　2022年7月第18次印刷
ISBN：978-7-5596-2369-0
定价：42.00元

未经许可，不得以任何方式复制或抄袭本书部分或全部内容
版权所有，侵权必究
本书若有质量问题，请与本社图书销售中心联系调换。电话：010-63783806

既然现在翻开了这本书，
就说明你对学习是有些兴趣的。

那么，你想学习什么呢？

序言

你可能还不知道自学能获得什么

"我希望学习能对事业有所帮助,但并不是指现在去考试或者考证,也不是去读 MBA 和读研,或者与去上各种培训学校重新学习也不一样,我只是想通过学习提高自己而已。"

如果你现在有一些学习的想法,如果你想学习的欲望也很强烈的话,那么,我想和你谈一谈学习与学习方法。

来,让我们试一试自学

自学的好处有很多,比如学习的时间和方法都可以自己决定。但我认为最重要的一点是,**不被既定的权威和价值左右**。其实不用我多加说明,就像我们并不能因为一个人是东京大学的老师,就认为他研究的是最高深的学问,他就拥有着被所有

人尊敬的知识。你应该也很清楚,现实中有很多学者离"智慧"还是很远的。

对你来说,真正的智慧是什么呢?

关于这点,让我想起了一件十年前发生的事。当时我在某个电视节目中担任评论员。那个节目的模式是回顾本周内发生的新闻和娱乐圈话题。我在嘉宾中算是一个从学术视角进行发言的角色。

有一天,在放完一条有关犯罪事件的新闻后,事件的具体内容我已经忘记了,主持人让我针对犯人的心理发表一下评论。

"和田先生,您认为犯人是怀着怎样的想法犯下这起案件的呢?"

听到这话的瞬间,我真正的想法是,我不知道……我既没有见过犯人,也没有到过犯罪现场。很明显,不管怎样的答案都是主观臆测。

但是我明白，"我不知道"这个答案出现在电视节目中是不合适的。

电视节目需要的是容易理解的、确定的评论。可能电视节目的制作方认为，只要知道了犯人的动机，观众就能坦然接受。我以精神科医生的角色来到这个节目，所以理所当然地应该站在精神科医生的立场，说出有可能是答案的见解。

所以我就从个人角度进行了假设，坐成一排的嘉宾们煞有介事地听完了我的假设，我觉得我已经合格地完成了电视节目评论员的工作。这时，其中一位参加节目的嘉宾饭岛爱小姐（已故）冷不丁地提出疑问。

"为什么你能如此断言呢？"

由于太出人意料，我有那么一瞬间什么话都说不出来。她说的没错，说真的，我也不知道自己为什么会这么说。

"不，当然没法断言。因为电视节目需要精神科医生的意见，我才给出了评论，这不过是假设而已。"其实我本来是想

这样机敏地回应的。但当时,在那个场合说出"我只是从精神科医生的角度推测可能是这样的……"已经竭尽全力了。在那种节目中,艺人的基本角色就是在专业人士提出评论时,毫不怀疑地点头就行了,但饭岛爱小姐却不同。

"为什么你能如此断言呢?"她直接提出了这个疑问。那时,我一点也不觉得她在从旁干涉。反而佩服地想**"饭岛爱真是个聪明的人啊"**。我认为只有真正聪明的人才会觉得,无论对方是专业人士还是怎样,想到疑问就可以直接提出,哪怕对方是专业的,他们说的话也不一定正确。

不能一味输入式学习

自学时,你可以选择自己喜欢的学科和自己喜欢的方式,**没有唯一的,也没有绝对正确的**。无论是东京大学的老师还是草根博主,只要有值得听的内容,只要有值得学习的东西就可以。

但是,这里有一个陷阱。

无论是阅读，还是通过网络学习，归根到底不过是输入式学习。我认为许多热衷于学习的上班族只是沉浸在输入式学习之中而已。

读几本政治和经济的入门书，掌握一点知识就满足了，你如果这么想的话，这些知识就有些浪费。

重要的不是向自己输入知识，而是将学到的知识用自己的方法输出。

就好像你如果只是告诉别人一般常识水平的知识，只会被看作见多识广的人，并不会得到认可。学习的关键在于，能形成多少属于自己的观点。能找到独特切入点来输出知识的人，才能吸引他人的目光，在工作中才能不断创新。**所以，未来真正需要的是可以提供独特视角的人。**

这是一个自学迸发能量的时代

对我来说，人生中持续最久的习惯就是刷牙和学习，学习的价值就有这么高。我没有在大学医院工作的经历，所以我在

37岁辞去全职医生的工作后，与医疗相关的知识几乎都是我自学的，对此我充满自信。至少比起那些在大学医院的医学部里安稳度日的医生，我可能更加精通医学。除了我的本职工作外，我在教育、经济、抗老化等领域出版了600本以上的图书，这是我自学的成果，而且是输出的成果。此外，我还实现了少年时代想成为电影导演的梦想，在四十几岁时拍摄了《高考翻身记》这部作品，这也是我孜孜不倦地自学电影拍摄的成果。

哪怕是上班族，边工作边自学，输出知识，也能实现昔日的梦想。

而且，随着时间的推移，将来可能会是个平均寿命一百岁的时代，到时候，人一旦到了七十多岁还要工作，那么持续学习的人毫无疑问会更有优势。

说到底，这本书介绍的并不是那种直接和事业相关的资格证书考试的学习方法。但是，会自学的人即使在离职以后，也能通过创业等手段继续工作。我希望有更多的人能够摆脱被动的输入式学习和统一的学校学习。通过自学钻研，可以从独特的视角提出自己的观点,为此我写了这本书。

要是这本书能为你的学习提供一点点帮助,我也就心满意足了。

和田秀树

目录

第1章 习惯一：高效能人士一直在强化自学能力

002 养成不断学习的习惯

004 高效学习离不开努力

006 职场成功人士还在学习

008 自由拓展学习的深度

010 打破时间和金钱的制约

013 保持年轻

第2章 习惯二：高效能人士学习前会做充足的准备

018 找准自己的兴趣，锁定学习的内容

022 金钱和时间对高效学习的影响

025 坚持是高效学习必备的素养

028 高效能人士能准确找到学习方向

034　准确找到适合你的导师
040　准备一台电脑只为学习

第3章 习惯三：高效能人士看问题经常用独特的视角

044　学习的三个阶段
049　高效能人士有打破常规框架的勇气
057　不要被大众媒体误导
066　对权威敢于说不
069　用知识和信息保护自己
072　高效学习关键在于发现问题

第4章 习惯四：高效能人士用适合自己的方法学习

076　拒绝填鸭式学习
081　学习不要停留在表面
086　我们需要了解点经济学
090　你不可不知的心理学
094　兴趣是你的最佳导师
099　不可不学的简单英语

第5章 习惯五：高效能人士很擅长时间管理
CHAPTER 5

110　绝对不能减少睡眠时间

113　高效能学习——效率重于一切

117　找到自己的黄金时间

123　好好学习，好好吃饭

128　有效利用上下班的时间

136　做一个有计划性的学生

第6章 习惯六：高效能人士会有选择地阅读
CHAPTER 6

140　读书就有优势的时代

143　快速找到适合你自己的书

149　有选择性地读书

156　高效能人士的阅读习惯——部分熟读法

165　高效能人士的阅读习惯——比较阅读

169　读书要以输出知识为前提

第7章 习惯七：高效能人士通过输出学习强化知识
CHAPTER 7

172　学习的关键在于输出知识

176　从自己的视角说话
179　思路不要局限于"正确"
182　从简单入手
186　高效能人士喜欢通过写作输出知识
202　去实践，才能有所突破

205　后记　有想法就去行动

第 1 章

习惯一：高效能人士一直在强化自学能力

从学校毕业后就不学习了？

 养成不断学习的习惯

我基本上算是个喜欢学习的人。

哪怕是现在，我每个月也会抽空去参加学习会，进修精神医学家森田正马针对神经官能症创立的精神疗法——森田疗法。

此外，每隔三个月我都会奔赴美国洛杉矶学习精神分析。只要碰到医疗相关的学习会和研讨会，我都会去。

无论是在工作中，还是和朋友出去玩，我时刻都在学习。"人不学习就废了"，仔细想想，这种观点已经深深植根于我心里了。

可能是儿时母亲说的这句话，不知不觉中影响了我。

"日本是个资源匮乏的国家,正是为了领土扩张以谋求增加资源,才造成了战争的悲剧。所以在资源匮乏的国家,人,才是唯一的资源。因此,你必须努力学习才行。"

听多了这些话,我也就养成了不断学习的习惯。

然而,仔细观察社会,我发现成年人的生活中,并没有"学习"这个概念。

我经常听到有些学生在初、高中时代拼命学习准备高考,一旦考上大学就不学习了。自然也就不奇怪有的学生大学毕业时的学习能力比入学时还要差。

不知道是不是我的错觉,看着近年来日本军事实力的增强以及修订宪法的趋势,我发现越来越多的国民和政治家开始认为,比起研究外交话术和别国心理、学习国家之间利益的权衡和其他国家的政策来解决问题,军事力量才是唯一出路。同时,从 2021 年春天起,所有国立大学将采用申请入学制,类似政策使得高考的竞争状况持续缓和。

也许是牵强附会,但这些改变不禁让我想到了脱离学习后产生的影响。

一个很现实的问题,实际上**有很多人从学校毕业后,这辈子就再也没学习过了吧**。

东京大学学生最有实力?

 高效学习离不开努力

在日本的企业,高校派系与终生雇佣、论资排辈共同发挥作用。

如果东京大学的毕业生在公司无法晋升,那么真正优秀的东京大学毕业生就不会进入这家公司。所以,哪怕是再不争气的东京大学的学生,公司也会在一定范围之内虚报成绩让他晋升,这种机制一直都在延续。

正因如此,才出现了这样的观念:"只要从名牌大学毕业,未来就安稳了""长大后就没必要特地去学习了"。

但是随着全球化的发展,大企业倒闭也变得不足为奇,那么这种想法能持续多久呢?

假如有两个学生,一个毕业于东京大学法政专业,一个毕业于私立大学法学部。

尽管东京大学的学生在四年的学习生活中耽于玩乐,但还是凭借东京大学的招牌进了著名公司工作。

而私立大学的学生进校后拼命学习,在美国读完法学研究生后,还顺利通过了司法考试。

各位读者觉得哪一个学生更聪明呢?

我认为绝对是后者。

毕竟,**成人后是否持续学习决定了一个人的人生。**

热衷持续学习并拥有实力的人,理应得到认可。

比如,职业棒球选手在进入球队时,难道有人会因为他在棒球强校表现得好,所以球队会提供十年的常驻队员位置,也能保证他退役后当教练和领队吗?

的确,签约金之类的优待还是有的,但如果过了几年还没有出成绩就会被迫退队,成为自由球员。相反,有些选手或许在选秀时不被看好,但如果不断训练,增强实力,也可能会成为年收入数亿日元的选手。这是业界的常识。

在国外的企业,要是没有工作能力,哪怕是哈佛大学毕业的都得乖乖地被看扁。只要有实力,学历一概不问,这才是理所当然的。

年收入与工作的关系

 职场成功人士还在学习

职场上,不少成功人士都还在学习进修。

杂志 PRESIDENT(2016 年 7 月 4 日)对年收入 2000 万日元人群和年收入 500 万日元人群的学习方法进行了比较。

在年收入 2000 万日元的人群中,有 69.2% 的人回答"工作以外的时间会选择学习",而年收入 500 万日元的人群中,这一比例只有 41.2%。

此外,前者有 53.2% 的人每隔三个月都会参加一次以上的学习会或研讨会,后者却只有 31.5% 的人会这么做。

还有一些数据显示,**年收入高的人学习时关注政治和经济**,会选择中午和睡觉前等空闲时间进行学习,**很多人能在工作日**

学习一个小时以上，读书的时间较多……

从结果来看，学习的人在工作中普遍能得到认可，也能在工作中获得较好的待遇。

并且，随着人工智能的发展，职场的形式将会焕然一新。

2011年，美国纽约市立大学的凯西·戴维森教授的发言震惊了世界：

"2011年进入美国小学就读的孩子中，有65%的孩子在大学毕业时将从事现在尚未存在的职业。"

除了体力劳动，连律师和医生等脑力劳动等领域，都被视为能够被人工智能替代的领域。因此，人们都说世界上八成的劳动者面临失业的时代即将到来。很难想象在这种情况下，谁还能泰然处之。

正是在这样的时代，**通过学习来保护自己才更加重要。**

自学的优势①

 自由拓展学习的深度

我想大家应该充分明白了学习的重要性,那么,为什么要自学呢?

自学的第一个优势是可以用自己的视角拓展学习的深度。

在资格考试和进修学校中,学习基本上是单方面听取老师的授课。

这时,我们会不知不觉地带有"想听到正确答案"的想法来听课。

读《了解经济》这类书的时候也是,大家会带着"我知道了""原来如此"的想法。

比如"本能寺之变是指明智光秀对其主君织田信长进行谋

反，在其停留于京都本能寺时发起突袭并致其自尽的事件"是一般的解释。

但是，只听老师单方面的学说，然后对此表示满足就太无趣了。

其实，单是"本能寺之变"，学者可能就有五种左右（或者更多）的学说。因此验证这些学说是否正确的过程才是学习历史的有趣之处。

必须强调的是，**学习并不是从这五种学说中决定哪一种是正确的。**

因为从结果上来看，无论怎样验证，最终也无法证明学说的正确性。**认识到"这种可能是正确的，那种也可能是正确的"，然后不断进行思考才是真正的学习。**

因此，我们自学时可以自由阅读任何教材，也可以支持任何解释，更可以自由表达自己的观点。

这就是我说的"用自己的视角拓展学习的深度"的含义。

自学的优势②

 打破时间和金钱的制约

自学的第二个优势就是没有制约。

首先,**自学在时间方面是自由的。**

去进修学校学习时,不可避免地会有上课时间和往返学校时间的制约。但是自学不一样,自学可以只在想学的时候学习。

其次,**可以按照自己的进度进行学习**,这一点也不能漏掉。

就算阅读同一本教材,普通人用三个小时读完的内容,你可以用一个星期读完。重复阅读很多次来加深理解也是可以的。

这样也不会被他人的进度影响,产生想要快点读完的焦虑感。

知识的输出也可以自由选择时机,可以按照自己的想法来。

但是,自学需要很强烈的自我意愿,可能会有人觉得难度太高。

但我认为意志力薄弱的人也有能力自学。有些小技巧可以让人在意志力薄弱的情况下保持输入与输出,我在这本书中会详细谈到。

再次,**自学是没有金钱制约的。**

我们去进修学校学习需要支付一定的学费,参加研讨会和学习会也是一样。给学习投资当然是件好事,但是如果用较低的预算就可以完成的自学是不是更具吸引力?

特别是**在网络普及以后,我们可以更简单地获得信息。**

就拿我最了解的医疗领域来说,大约在二十年前,除了在大学的医院里能大量订阅到国外的医学杂志以外,要想接触到最新的医学信息是很困难的。

但是现在,虽然获取大多数医学信息还要付费,但是我们可以在家中通过网络阅读最新的医学论文。

再比如说,作为一名普通公司的职员,与自己职业无关的一些犯罪信息也可以通过网络获取。

如果你正在观看的电视新闻节目里,评论员点评道"最近

青少年犯罪正在增加",这时你就可以从法务省①的主页点开《平成27年版(2015年版)犯罪白皮书》,确认一下不同年龄段刑事犯所占人口比重的变化,答案就一目了然了。

通过短短几分钟的调查,就能确认评论员的点评是否有误。

倘若评论员的结论有误,不管这位评论员有多么位高权重,对青少年犯罪的见解还是你占了上风。

和朋友交谈时,你就有足够的底气说:"昨天电视上的评论员说青少年犯罪正在增加,我查了一下数据发现完全不是这么回事。"

保持自学的习惯,你的见解甚至可以凌驾于世人认同的权威之上。正因为这样,帮助成人自学的学习工具也在不断增加。

---

① 法务省:日本负责处理检察、行刑、户籍、人权维护等法务方面事项的中央行政机关。(译者注)

自学的优势③

 保持年轻

自学的第三个优势就是可以永远保持年轻。

截至 2016 年 9 月,日本的老龄人口比例已达 27.3%。65 岁以上的老年人占总人口的四分之一,日本已大步迈进超老龄化社会。

据厚生劳动省① 2015 年的统计,日本男性平均寿命为 80.79 岁,女性为 87.05 岁,是世界上数一数二的长寿国家。

1920 年,日本开始实行 55 岁退休制时,平均寿命居然只有 45 岁左右。也就是说,退休以后基本上也就没有多少退休

---

① 厚生劳动省:日本主管医疗、福利、保险和劳动等行政事务的中央行政机关。(译者注)

时光了。

然而现在,即使将退休年龄延长至 65 岁,男性还有大约 15 年,女性还有将近 20 年的老年生活要度过。这还是用平均寿命计算出来的结果,如果单看退休后的平均剩余寿命,男性还有大约 20 年,女性有大约 24 年。

将来,70 岁还奋斗在工作岗位上的人也会持续增加。但无论是工作,还是做自己想做的事情,我们最关心的一个问题就是离开人世前能否保持健康。

相对于平均寿命,还有一个"健康寿命"的概念。它是指在健康方面没有问题,可以在不用看护的情况下独立生活的时间。

据 2013 年的数据显示,日本男性的健康寿命为 71.19 岁,女性为 74.21 岁。和平均寿命相比,男性约有 9 岁、女性约有 11 岁的差距。

也就是说,在这段时间里,人们有可能无法独立度过老年时光。

要想延长健康寿命,我们一方面要坚持锻炼身体,另外很重要的一方面就是防止老化。

来自荷兰阿姆斯特丹自由大学的舒密兹等人研究表明,经常用脑的人比不经常用脑的人拥有更长的健康寿命和平均寿命。

在这项调查中，不同学历的人死亡率差距并不是很大，所以成人后的学习至关重要。

特别是**如果一个人具有强烈的学习欲望，我觉得即使是在超老龄化社会中，他也同样能保持健康和年轻。**

第2章
习惯二：高效能人士学习前会做充足的准备

学习什么？

 找准自己的兴趣，锁定学习的内容

开始自学时，我们应该选择什么学科呢？

世界上有无数个学科。由于我们拥有的时间是有限的，所以学习哪门学科是个尤为重要的问题。

比如你为了退休后还有收入，打算考取司法代书人的资格证。

但你不是法学专业毕业，也没有与法律相关的工作经验，就算读了教材也理解不了，这种学习是很痛苦的。

现代精神分析学奠基人科胡特说过："人的自恋无法得到满足时就会感到不适。"

勉强自己学习不想学的知识，只会伤害自恋的感情。万一考试通过了,等待自己的也只是极其无聊的工作而已。

所以,**我们应该学习适合自己的知识。**

我们可以学习的学科多种多样,最根本的是要选择让自己开心的、觉得有趣的知识。

如果能够乐在其中,每天也会过得充实。

换句话说,要弄清自己的强项和弱项,在学习中发挥强项。

"通过学习,我有自信在这个领域不输于人。"

"学习的成果能被周围人认可。"

这种感觉对人类来说是一种积极的体验,它能激活人的感情,也能防止衰老。

每个人应该都能找到自己擅长的领域和感兴趣的学科。在我认识的人里,就有人哪怕到了40岁,还觉得喜欢的事物能一直喜欢下去。如果是适合自己的学科,不仅能长期坚持学习,也能产生研究成果。

除了要选择有趣的学科,能否理解这门学科也很重要。

不习惯学习以及学习很少成功过的人大多都认为学习是件苦差事、学习很难。

但是如果换个角度,把学习想象成工作,我们刚开始在工

作中可能吃了很多苦头,但是做着做着就习惯了,可能还会乐在其中。

换个角度来说,一直让自己觉得痛苦和困难的工作是不会愿意积极完成的。

学习也是同理。

我指导考生时,让他们先处理擅长的学科,不擅长的学科也是从明显很简单的参考书和练习册开始做,让考生从这些成功的体验中产生"我能行"的自信和动力。

成年人在自学时,**如果学习了一个月左右还是完全不理解,那就此死心也没关系。**

但这种情况也有可能是教材没选好。要是一开始就心高气傲地去挑战高难度的专业书,自然会无从下手。

这时,还可以下决心降低难度,再次挑战简单易懂的入门书。(入门书相关内容详见后文。)

要是哪本入门书都读不明白,读书速度怎么也上不去,那只能得出自己不适合学习这门学科的结论了。

选择适合自己的学科后,只需要一个月左右的时间,就会积累起成功的经验。读教材的速度也能提升。这样一来,学习就会变成一种乐趣。

第 2 章　习惯二：高效能人士学习前会做充足的准备

不要认定非此不可

 金钱和时间对高效学习的影响

学科的选择有时会受到物理上的制约,其中最具代表性的就是金钱和时间。

学习哲学,只需准备书本费,就可以从任何一天开始学习。

学习葡萄酒知识就不会这么简单。就算读了葡萄酒的相关教材,所学依然有限。因此需要实际去品尝葡萄酒,这样一来的话,花销会非常大。而且在成为品酒师之前,必须要去侍酒师培训学校学习,自学的话还需要购买大量的葡萄酒;如果想要认真了解葡萄,还要去葡萄田里学习;想了解产地,还要亲自拜访各个酿酒厂,这种感觉是完全不同的。

学习历史时,是使用书店里就能买到的教材学习,还是使用古文文献作为第一手资料研究，这两种方式在资料费方面的花销有很大的差距，当然后者在金钱上的负担更大。

此外研究幕末历史时，如果想去实地调查的话，会增加旅费和交通费，时间上也会有制约。

面对这些在学习中遇到的物理上的制约，各位要谨慎考虑自己究竟能承担多少。

无论是在各项条件都满足后再开始学习，还是一边考虑条件一边谨慎出手都可以。

重要的是，**自学的学科多种多样**。

不要给自己压力，认为自己只能学某一种，而是要找到适合自己的内容。

在可以保持兴趣的领域

 坚持是高效学习必备的素养

之前也提过，在自学前你需要判断对这个学科是否感兴趣，还应该考虑是否能长久地维持这种兴趣。

首先，这门学科本身是否能长久地持续下去就是个问题。

哲学、心理学和历史学等学科很容易给人一种它们的知识积累二三十年也没问题的感觉，这些学科就算年纪大了也能一直自学下去。

比如**精神分析的论文中经常引用 1920 年学者的著作和 1940 年左右的论文。**

也就是说，哪怕是古老的文献也有足够的参考价值。

此外，经过心理学的学习，走上社会与各种各样的人进行交流后，实际运用的经验也得到了提升。

因为它容易持续下去，持续的过程本身也很有意义。

在文坛，也有人因常年在公司工作时依旧不忘追逐梦想，笔耕不辍，最后以小说家的身份出道。

我自己能在47岁时公开发行首部导演作品《高考翻身记》，也是因为我没有放弃当电影导演的梦想，坚持学习电影方面的知识。

另一方面，学习现代科学和IT又如何呢？接触最先进的知识可以激活人的大脑，具有防止衰老的效果。因此，我并不反对挑战这些领域。

但是也存在这样一个问题，那就是学习的知识很快就会过时。说出两三年前的知识就会被当作老古董，只要稍微放松一下就很难再跟上最新的知识了。

像这种并非长期积累，而是必须要一直更新的学科，需要谨慎一些。

对这类学科，重要的是提前确定自己学到哪种程度，要有到一定年龄后学习其他内容的计划。

第 2 章　习惯二：高效能人士学习前会做充足的准备

学习从身边开始

 高效能人士能准确找到学习方向

虽然说学习现代科学和 IT 方面的知识会有一些难度,但**理科并不是不可挑战的。**

我们除了可以阅读最新的论文和科学家写的科普书以外,还可以独自进行研究。

最近在大学里,如果短期内没法给出成果,就拿不到预算,因此有些需要长期持续追踪的调查便渐渐不被人重视。

如果想要调查地区活动与老年痴呆症的关系,就需要向地区的自治会和基层自治组织寻求帮助,进行长达十年,甚至二十年追踪调查然后公开数据。

无人研究的数据在学术界很有可能是珍贵的宝藏。至于是否有这些数据，稍微搜索一下就能知道。

有些日本的大学医学部并不教授营养学，因此几乎没有人对营养状态和营养素与各类疾病的关系进行长期的追踪研究。但医生原则上都会告诉患者疾病的名称，所以即使不是医生，只要能找到愿意合作的人，也可以进行这项研究。

我们甚至还可以进行田野调查，寻找新品种的植物、昆虫等各类生物。

只有时间没有钱的人，在小小的实验室里依然能找到很多可以做的事。

虽然最终做出成果并不是那么容易，但不隶属于大学的民间学者依然有研究的路可走。

对于自己学生时代学过的知识以及曾经擅长的内容，是有方法捡起来的。

"**虽然我也算是经济学专业毕业的，**但并没有认真上过课。现在走上社会，积累了一些经验，虽然能读懂一些入门级的书，但还是想重新认真学习这方面的知识。"

"**我以前对幕末历史很感兴趣，读了不少书。**最近又重拾了兴趣，想自学一些这段历史的专业知识。"

应该有很多这样的人吧。

我们在经历空白期之后，大脑的记忆会变得模糊，但重新学习后，这些记忆就可以慢慢找回来。

以我自己为例，年过三十去留学时，依然能全身心地投入到难懂的与精神分析相关的英文论文中。

虽然距离我参加高考已经过去了十几年，但当我开始阅读时，当时的感觉就又回来了，以至我每周都可以阅读 300 页的英文材料。

学习英语的方法有很多，当初我为了熟悉各类术语，坚持不懈地查字典。

于是，不到一年的时间，我查字典的次数锐减，在阅读方面甚至达到了美国本土精神科医生的水平。虽然我解决不了听写糟糕的问题，但只要事先读过材料，就大致能明白什么意思。

重新学习以前擅长的内容，学习效果会比之前更好。 并且有了经验之后，学习便不会那么辛苦，这也是个优势。

如果在高考和在大学期间有擅长的学科，那么它们便足够有让你挑战的价值。

寻找学习的科目时，还有一个方法是主动探究让你不满的事物。

比如公司下达指令要缩减成本。

虽然你并不反对这件事，但所有的领域都统一削减让你感到不妥。

不过在没有正当论据的情况下反对公司的决策，只会被认为是任性胡闹。

这种时候就需要**彻底研究一下削减成本和利润之间的关系**。

研究一些不削减成本但能获利的公司与削减成本却失败的公司之后，应该就能找到反驳上司的论据了。

或者基于自己学到的知识，可以尝试创业。

遇到让自己感到不满的事情，不仅可以让你思考解决方法，也能为你提供商业灵感。

因此，我们可以在日程本和备忘录上写下让自己感到不满的事情，再留出时间从中寻找值得学习的科目。

生活中应该有很多这样的事吧。

> 坐着全是人的电车去上班太无聊了。
> 上司说要减少加班，但是没有实际行动。
> 只需要写份销售报告，还规定要每次必须回公司，真是让人难以理解。

将不满诉诸口头，这仅仅只是抱怨，将其作为学习的科目才能转化为具有建设性的意见。

选择导师的方法

 准确找到适合你的导师

定下学习科目后,就该选导师了。

自学也是需要导师的,因为无论怎样自学,都不能忽视先人积累起来的经验。

即使不是直接接受教诲的关系,也可以把对方当作导师。

寻找导师来引导自己的学习具有很大意义。

选择导师的第一个要点是,他是否能简单明了地教授基础知识。

要学习精神分析的话,就要找能够简单明了地教授精神分析基础知识的人做导师。

日本人重视学者的头衔,但是对能够简单明了地进行基础教学的学者却不那么重视。

比如在考东京大学的学生中,有很大一部分人估计连一名东京大学教授的名字都不知道。也就是说,只有东京大学的学历很重要,而几乎没有人会因为想在某某教授名下学习才去考东京大学的吧。

但是,成年人在开始自学时,如果只是**按照头衔选导师,也有很大的概率会失败。**

因为有很多人只是碰巧当上了东京大学的教授,对自己的地位沾沾自喜,然后便不再学习了。

所以不要单纯地看头衔,要选择容易让你理解知识的人当导师。

这位导师很有可能是东京之外不知名大学的老师,但也不用因此感到不安。你可以给这位老师写信,对方很有可能会感到特别荣幸,甚至能有机会直接见到这位老师。

无论怎样,成功选择了导师,在夯实基础方面就有了极大的优势。

选择导师时,还有一点需要我们重点关注。

那就是能帮助我们开阔异于常识的视角,或者从中产生联想。

我在后文也会提到,比如出现这样的经济政策:与其增税,不如将经费的认定范围大幅缩小。

对此,许多人尤其是经济方面的专家反驳:"经济类的参考文献及教科书中从来没有写过这样的方法。"

为什么只是因为这个政策以前没有出现在著名的论文中,就一定要不假思索地否定它呢?难不成有证据证明,凡是没在教科书上出现的经济政策就一定会失败吗?

任何事情不去尝试怎么会知道能不能成功呢?

我在东京大学学习时,有一位老师让我明白了独特视角的有趣之处,他就是义江彰夫老师。

我记得义江老师当时还是副教授,负责教授通识课程中的日本史。

我在报考东京大学时并没有选择日本史这一学科,所以对此基本上一无所知。说实话,我选择这门课是因为听到传闻说他给所有人的成绩都是A。

每次我在课堂上对史实擅自解读并发表意见时,他都会点评道:"这个视角很有趣。"

我想,老师可能也觉得历史没有唯一的答案。

如果他对我的视角不假思索地否定,诸如"这种视角教科书上没有写过""这种想法超出常识了""你这不过是基于无知的擅自解读罢了"等，我可能就对日本史失去兴趣了吧。

　　我与义江老师的关系到现在都很亲密，现在回想起来，他大概算是我心目中理想的导师之一吧。

　　我在积累了一段时间的医生经验后，决定前往美国学习精神医学。

　　当时是一位名叫马丁·莱克托曼的医生系统地教我精神分析的理论。直到现在，那位医生的教诲对我的影响都非常深刻。

　　我从美国的精神医学学校毕业后，每三个月去一次洛杉矶，师从罗伯特·史托罗楼，学习科胡特学派精神分析学的发展和在患者身上的应用。

　　史托罗楼医生的理论倾向实用主义，他主张精神分析没有规则，有的只是社会的规则。

　　在精神科医生的诊疗中，有一些基本的规则，比如不能和患者发生肉体关系、出诊时不能迟到等。

　　他认为这种规则不过是社会规则，并不是精神分析的规则。还有一些古典精神分析的规则，比如不能对患者抱有感情、不能使用躺椅等，这些不属于社会规则的范畴，只要根据与患者之间的关系随机应变就行。

　　史托罗楼医生也让我明白，应该不断怀疑常识，尽量找寻最适合的方法。

十年前,我曾经拜在戴安娜王妃生前主治医生、世界抗衰老医学会的克劳德·萧夏医生名下学习与抗衰老相关的知识。

追随好的导师,学习的层次自然就提升了。对我个人来说,在跟随优秀的老师学习之后,我就有自信在这个学科上不输给别人。

所以,我们应该选择这个领域里名副其实的领袖人物做导师。这样的话,在某种程度上,你就很有可能在这个领域有所成就。

重复一点,**不是只有正式拜师才算师徒关系**。大量阅读老师的著作,参加他的演讲和研讨会,亲自聆听教诲,最终收获学识,那么也可以把他看作导师。

第 2 章　习惯二：高效能人士学习前会做充足的准备

不联网的电脑的价值

 准备一台电脑只为学习

自学时,需要谨慎考虑如何使用电脑。

电脑的确是个便利的工具,可以上网搜索,可以整合查询到的信息,可以将整理好的信息发送出去。

但是,我对现在市面上流通的电脑产品非常不满。

或许这个观点会引起非议,但我还是坚持认为现在的电脑是个尚未完善的残次品。

邮箱里每天都能收到大量的垃圾邮件,安装一个看上去比较方便的软件有时还会发生故障。

用了两三年以后,大多数电脑开始变慢,工作到一半开始频繁地死机……这样折腾几次,你就必须要重新买一台电脑。

现在日本生产电脑的厂商只不过安装一下其他公司的软件再组装机箱而已。他们应该有技术让电脑在软件方面更加安全耐用，但是他们并没有这么做。我甚至怀疑厂商的高层是故意对消费者的不满视而不见的，毕竟电脑抗故障能力太差了。

对此，我提出的方法是：**除了平常使用的电脑，另外再准备一台用来学习的电脑**。

换句话说，就是分别使用**联网的电脑和不联网的电脑**。

不联网的电脑只用来写作。除此之外没有其他用途，也就不需要多余的软件，不会收到垃圾邮件。电脑没了多余的负担，工作时碰到死机的情况应该会锐减。

想要查资料时，就用另一台电脑，毕竟用来学习的电脑要保持无负担的使用状态。

因为不需要多余的功能，买一台低价的或二手的电脑就足够了。夸张地说，只需要看看键盘是否容易敲击就行。

这么想来，其实也不用特地买一台电脑，把不能联网的平板电脑和键盘组合起来使用也可以。

有了只用来写作的电脑，就能集中注意力进行创作。使用专门用来学习的电脑，自然就集中注意力学习了。

高效学习
AO XIAO XUE XI

第3章

习惯三:高效能人士看问题经常用独特的视角

超越知识

 学习的三个阶段

上班族在自学时大体可以分为三个阶段。

第一个阶段就是单纯获取知识、提高素养。

"要是我在学生时代认真学习历史就好了。"

"虽然生活中我对政治一无所知,但还是希望能学一点东西,让自己起码能看懂电视新闻。"

有很多上班族应该都是这么想的。我现在在书店里经常能看到各类参考书打着"成年人重拾学习"的旗号。

池上彰先生解读新闻的节目和书籍在日本很受欢迎,就是因为能满足人们的求知欲。现在出版的很多写得很好的教科书和解说书，在网上我们能轻易获取这些知识。作为商务人士，很有必要在一定程度上了解经济和数字相关的内容，倘若还具备了历史和文化修养，工作范围就能继续拓宽。

在这个意义上，自学获取知识的重要性不言而喻。

另外，准备资格证考试和英语考试这类提升技能的学习，在广义上也属于第一阶段的学习。

但是，**既然都已经学习了，只是停留在获取知识的阶段有点可惜。**

所以，我要说的第二阶段的学习，就是**自己对学过的知识进行解读，再输出知识**。在博客和推特之类的社交网络上发表自己的想法，与他人交换意见；用自己的语言对公司后辈讲述知识；在聚会等场合展露学识吸引他人的注意，这都属于第二阶段。

获取普通的知识后，再原封不动说出来，充其量只能得到一句"这样啊……"，在社交网络上也只会以沉默终结。

既然要输出知识，就要从自己独特的切入点谈起，给出独特的解读。

直接点说，就是要洞悉他人的心理和想法，说出有趣的内容。

进一步对这门学科进行研究，就到了以学者为目标的第三阶段。

学者也不一定指的就是大学或者研究机构的人，民间还有很多学者。

比如在乡镇，有研究当地乡土历史的学者，也有自称铁路研究员的上班族。

民间考古学者挖掘出重要遗迹的新闻，民间天文学者发现新天体和新彗星的事件也都曾引发世人的讨论。

先不说民间学者，我就拿大学里的学者举例。我认为日本国际文化研究中心的矶田道史副教授是民间学者应该学习的榜样。

矶田副教授是一名历史学者，他出版的《武士的家用帐》非常畅销并被改编成电影，因此他也变得妇孺皆知。

他的厉害之处在于，能通过正面分析收集到的极为有限的史料，找出其中被普通人忽视的亮点，将其有趣之处传递给世人。也就是说，他具有将历史转化为娱乐传播出去的能力。《武士的家用帐》等书就是最好的例子。

如果像他一样拥有独特的视角，民间学者也极有可能成名。一边工作一边在闲暇时进行研究，也是一种很有魅力的生活方式。

虽说如此，但要想达到学者的阶段还是很难的。如果想收集到令自己满意的资料，就必须要做好钱包大出血的准备，同时还会花费大量的时间。如果想让自己的研究成果被世人认可，还需要靠一些运气。

考虑到这些，我还是想关注第二阶段的学习。

无论是政治、历史、科学还是葡萄酒，只要能将你学过的内容有声有色地表达出来，就能提高个人的魅力。

首先，希望你能以这一点为目标进行学习。

说出你的见解

 高效能人士有打破常规框架的勇气

那么,什么内容才是有趣的内容呢?

以我自己为例,我经常留心说一些其他人不会说的话。

马克思说过:"共产主义在资本主义之后到来。"而历史上并没有国家在资本主义之后进入共产主义。

无论是中国还是俄罗斯,都是在没有经历过资本主义社会的情况下,从封建时代力求直接过渡到共产主义。后来,又因为在产业上对提高生产率的资本主义手段不甚了解,苏联的经济变得难以维持,最终崩溃。

但资本主义真的胜利了吗? 它真的就是认知范围内最合适的经济体制吗?

如今，资本主义的负面影响即贫富差距的扩大已备受关注。另外，随着人工智能投入使用，现在工作的人之中有八成将会面临失业。

超市的收银员、出租车司机、大楼的清洁工等如果都由人工智能来代替，工作岗位自然会变少。

这种差距的扩大不仅在伦理和人道上会产生问题，我认为还可能会造成经济的停滞。

如果不解决资本主义的问题且对其放任不管，总有一天，可能会诞生其他形式的共产主义政党。

虽然可能会有人这样反驳，但我反而认为降低生产率比较好。

一直以来，资本主义社会的企业都在想方设法地促进消费。

"穿上昂贵的服饰，坐上豪华的轿车，所有人都会羡慕你。"

但是，这种努力已经快达到极限了。如今产能过剩，消费难以跟上。很明显，年轻人别说买车了，连在外面聚餐喝酒都不怎么去了。

英国经济学者凯恩斯曾试图对资本主义进行修正，他主张有必要对收入进行再分配。简单来说，虽然年收入一亿日元的人只花了1000万日元，但因为年收入300万日元的人全花完了，一旦财富从高收入向低收入再分配，总需求就会增加。

我觉得凯恩斯的理念是正确的。按照他的想法，对有钱人征收高额税金，给贫困人群提供补助，进一步保障他们的生活，这样经济才会变好。但凯恩斯是名虔诚的基督徒，厌恶不劳而获，认为与其提供补助，不如把钱通过公共事业用在贫困人群身上。在日本，"不劳者，不得食"的观念根深蒂固，因此低保户经常成为被唾弃的对象。另外，无法工作的老年人不断增加，这也是日本劳动力不足的根源。

不过，是否可以说正因为大家很努力地工作，供给差距才会扩大，导致经济恶化呢？如今在意大利等国家，虽然有五成年轻人没有工作，但却有丰厚的生活补助。如果不是因为那场大型的暴乱，消费也不会低迷到这个地步。

这样想来，马克思所预言的，共产主义在资本主义之后到来，也不是全无道理。也就是说，如果经历过资本主义之后再进入共产主义，或许就会诞生一个比如今的资本主义更好的社会。

不过，**我不能断定我的预言是否准确**。错误的可能性也不小。但是，从与普通的观点不同的视角进行发言，至少能听到他人说"好独特的观点"，也能为接下来的讨论提供契机。不管怎样,我认为既然都学习了,**就不要仅仅做一个博学多识的人,而要做一个能从独特的视角发表见解的人。**

在日本,人们认为聪明的人就是知道很多学问的人。

当然,具备基础的素质和最低限度的知识很重要。哪怕是在欧美,能够吸引他人目光的也的确是那些博学多识、伶俐机敏、口才好的人。

但是,这只适用于朋友之间的谈话。在学术讨论的场合,仅仅宣讲知识是不可能获得尊敬的。

在欧美,**尤其是在美国,能从别人没有说过的全新切入点发表意见的人,才会被认为是特别的。**

但在日本,令人难以置信的是,一名学者仅凭自己的学识多就能站在学术第一线,完全不用担心地位受到动摇。

所以从世界的角度来看,日本的学者别说成为受人尊敬的对象,甚至很有可能会遭到轻视。

如果你有志于自学,千万不要把目标定为掌握很多学说,这个目标太可悲了。

虽然掌握现有的知识作为自学的前提可能很重要,但不能满足于此。我再说一遍,重要的不是输入知识,而是输出。而且是从独特视角出发的输出。

所以，还是希望我们有时能**用犀利的观点抢先专业人士一步，做一个特别的人。**

比如，因《反论日本史》而广为人知的历史作家井泽元彦先生，就从与史实相异的视角进行了大胆的假设。

我并不是说他的学说全都是正确的，只是认为他挑战权威的行为值得尊敬。

我能意识到"独特的视角"，是因为受到很多人观点的影响。

特别是我开始当医生时，老年精神医学学者竹中星郎医生教会了我很多。

他在临床医学方面能力优秀，但凡经他手的患者，症状都会得到奇迹般的缓解。

他虽然没有手把手地将诊疗技术传授给我，但我在近距离的观察中，自己总结出了一些值得注意的地方。

竹中医生在听取患者的话时，真的非常认真。

一定要认真听取患者的话。这是我从竹中医生那里学到的，也是我自己打算实践的。

我学到的另外一点是，**不要轻易给患者贴标签。**

比如，老人稍微说了一点奇怪的话，就有医生会轻易诊断他是老年痴呆症。

但是除了老年痴呆症以外，这也可能是谵妄症、老年抑郁症等其他疾病的症状。另外，当老年痴呆症患者的病状突然恶化时，需要用发散的视角看问题。不仅要考虑类似的疾病是否会并发，还要怀疑是否会产生新的内科疾病。

作为医生要牢记各种病名，对其他医院的诊断也要用怀疑的目光看待。

这一基本的态度，不仅帮我能在医生这个行业继续前进，也让我获得了珍贵的教诲。

无论学习什么，**一旦安于固有框架的分类，思考就会陷入僵局**。不要忘记去探索各种可能性。

将常识奉为圣经的学习算不上真正意义的学习。

要想说出独特的观点，需要大胆进行假设。

无论是多么荒唐无稽的言论，假设本身都是自由的。一旦进行了假设，为了验证它，我们就需要收集材料进行学习。

重要的是努力的过程。

经过大量的学习，如果发现自己的假设是错误的，坦诚地承认自己的错误并收回假设就可以了。

比如，我从大量给老年人诊疗的经验中提出"体形较胖的人容易长寿"这个假设。这不过是基于经验做出的假设。

后来，**我阅读了大量体形和寿命关系的文献，通过自学来验证自己的假设是否正确。**

与此相关的，我也提出过"胆固醇对身体无害"的假设。

但是，世界上的医学家大多都认定高胆固醇对身体不好。

实际上，我曾遭受过权威学者的谴责。因为在欧美的很多流行病调查和追踪调查中，已经有证据表明胆固醇值变高，多会引起心肌梗死；胆固醇值下降，因心肌梗死引发的死亡率也随之下降。

要我来说，还是希望他们能在认真进行流行病调查之后再反驳。欧美和日本的饮食习惯完全不同，所以如果在日本进行调查，结论应该就能明确了。

不管怎样，**如果是对已经有答案的问题再次进行确认，就没有那么激动人心了。**

成年人的学习应当更有趣、更自由才行。

所以希望各位能提出独特的假设，再进行学习。

电视、报纸的信息有价值吗？

 不要被大众媒体误导

如果想探讨独特的视角，那么我认为电视没有可以提供信息来源的价值。

当然，我不是说所有的信息都这样，但据我所知，电视节目的制作方在采访前基本上不怎么做功课。我有时也会接到电视节目采访的邀请，**但询问了采访人员之后，我发现他们几乎都没有读过我的一本著作。**

大家都不约而同地觉得，我可能可以对这个话题进行评论，但他们所知道的不过是一些模糊不清的信息而已。

> 电视台想做一期和胆固醇相关的健康节目……
> ↓
> 在网上看过和田秀树好像认为"胆固醇高一点比较好"。
> ↓
> 他是医生,也在电视上发表过评论。要不要去采访一下……

我简直能看到他们这样的思考过程。他们就因为这么简单的原因来找我了。

"经过大量的调查,我们认为胆固醇是有害的。所以我们想针对这个疑问和您探讨一下。"

"的确,似乎没有确切的证据证明胆固醇有害。所以我们想通过您的主张提出这个问题。"

如果对方的目的是这样,我们还有讨论的余地。毕竟要是没有自己的观点,无论是辩论还是调查当然就不会成立。

对于电视节目的制作方来说,胆固醇有害还是无害并不重要,他们只是想播报出具有冲击力的信息而已。

可能只要有人可以给出有趣的评论,他们就会去采访吧。

第3章 习惯三：高效能人士看问题经常用独特的视角

在电视上，节目中会使用白板和图解让观众更加容易理解内容。

这种做法本身是好的，但有时我觉得，未免也太看低观众了吧。

有一次，我在看一个讲解英国脱欧的新闻节目时受到了震惊。

"关于这个问题，我们就听听与这件事有直接关系的英国人的看法吧。"

这句话之后出场的，是一名英国的造型师。

我并不是反对让造型师谈论政治。如果他具有专业的知识，并且在本国属于意见领袖的话还是可行的。

但那天发言的人，无论怎么看都只是个英国的造型师而已。

只是因为他是英国人，就把他喊到电视台来对他的祖国发表言论。

更让我震惊的是，从主持人到嘉宾竟然都非常认真地听完了他的发言。

那么，假如《日美安保条约》作废，美国的电视台会请日本的造型师作为评论员对政治发表看法吗？

正常来说，应该会请美国大学里研究日本政治的学者到演播室来吧。

总之，电视台**只要画面中有英国人在说话就行，内容是次要的**。这让我不得不担心，电视台是不是都用这种态度来制作节目。.

这不仅仅是特定的健康节目和信息节目存在的问题，而且是与报道态度有关的重大问题。

在报社和电视台，由于经费削减导致很难花钱进行调查采访。

本来，当犯罪发生时，只有对警方和辩护方都进行采访才能得出事实真相，写出调查报告。但他们如果依赖自由记者团队的信息，再把警方公布的信息直接报道出来，就不用花钱了。不花一分钱就能完成采访，而且还能拿到比普通企业更高的收入，自然就睁一只眼闭一只眼了。

我并不支持废除自由记者团队，但我认为，除了记者团队，媒体也应该从其他渠道进行采访报道才对。

从报纸上还多少能看到调查报告的痕迹，从电视上就很难找到了。所以，我对相信电视报道的观众的智商十分怀疑。

观看节目报道和新闻话题访谈时，不能一味接受评论员的发言，而应当用质疑的眼光去看待。

"有证据吗?"

"作为证据的信息正确吗?"

"逻辑矛盾吗?"

我们需要用这样犀利的视角进行审核,当然如果你能自己调查一下就更好了。

说是调查,其实有点夸张了。稍微查阅一下统计数据,就能简单判断发言的真伪了。

"某个电视节目的大学教授说……我查了下统计数据发现完全是在说谎。"

如果你能说出这种话,在那一刻,你比那名教授更聪明。

日本在2004年规定医师临床研修制度为必修科目。

在此之前,医生不经过研修就能进行诊疗。通过这项制度,这一情况得到了改善。医科大学的学生毕业后不会立刻进入诊疗室,而是无论其从哪个院校毕业,都可以自由选择研修的医院。但是,当时的岩手医科大学校长提出异议,认为这一制度会导致东京以外地区医疗系统的崩溃。

他的主张如下：

"如今山形大学和秋田大学等东北地区的大学的医学部中，有很多从东京的高中来的学生，当地的学生反而比较少。

"如果来自东京的学生都想去东京的医院进行研修的话，东北六县①就不会有研修医生，医疗系统将会面临崩溃的危机。如今，由于几乎没有研修医生来岩手医大，基本没法向各地派遣医生了。"

我记得当时几乎所有的报纸都基于这名校长的意见发表报道。估计大多数读者都认为医生几乎集中在东京，东京以外地区陷入医疗危机了吧。

但是，这件事还有一个完全不同的真相。只要查看厚生劳动省的主页，就能立刻明白这名校长所说有误。

医师临床研修制度开始之前的 2013 年和进展到第二年的 2015 年相比，东北六县中，研修医生数量减少的只有青森县和福岛县。

至于岩手县，研修医生的增加率居然是日本第一。不仅增

---

① 县：日本的地方行政区划之一，相当于中国的省级行政单位。

加了 27 名研修医生，增加率也超过了七成。按照这个趋势，2015 年与这项制度实施之前相比，是原来的两倍以上。虽然岩手医大的研修医生也有过仅有 3 人的时期，岩手县县立中央医院等临床水平更高、扎实推行地域医疗的医院中，研修医生也大幅增加了。

"大学的医学部里有很多轻视临床的教授，所以研修医生对此敬而远之。另一方面，虽然这里不是东京，但临床水平高的医院依然有学生不断加入。"

这才是真相。

而且，日本研修医生数量减少最多的地方竟然是东京。

这样就能明白，岩手医科大学校长的话完全是凭空捏造的。研修医生的数量就登在厚生劳动省的网页上，这种信息甚至不用特地去采访，只要花几分钟在网络上调查就能获取。

尽管如此，报社记者还是完全听信了这名校长的话。据我所知，依据厚生劳动省的数据对这番言论进行反驳的报纸应该一份也没有。

我不禁更加担心，这难道不是比校长的谎言更严重的问题吗？

在日本，学识不足但头衔够大的人越来越天真了。但实际上，不管是怎样的权威人士，都应该用他的学识来获得认可。否则，我们就会被那些以为门外汉很好骗的人当作牺牲品。

我们有必要通过自己的学习，提高处理信息的技能。

第3章 习惯三：高效能人士看问题经常用独特的视角

对诺贝尔奖获得者的迷信

 对权威敢于说不

对权威人士放下顾虑进行评价的态度,看起来似乎和成人的自学毫不相干。

比如在日本,诺贝尔奖获得者在获奖的瞬间便被认定为卓越的学者,一跃成为媒体的宠儿,受到很隆重的对待。

不可否认的是,诺贝尔奖获得者中的确有人做出了足以改变世界的贡献。

但是,也有学者在得奖后便再也没有发表过突出的研究成果,而是沉浸在过去的荣光中沾沾自喜。

日本的社会和媒体大众仅仅因为诺贝尔奖获得者的头衔就无条件地吹捧赞赏,这也是个问题。

一直以来，**这个人的研究成果明明不受重视，但一旦被国外承认就转而把他当作英雄看待**。而且如果只是针对他的成果进行评价那还好，许多人在不清楚研究成果多么优秀，甚至不清楚达成了怎样的成果的情况下，居然跑去挖他的家庭关系。

而且，就因为他是诺贝尔奖获得者，大家便认为他在教育和行政方面也应该很有能力，且本人也有意愿尝试，但最后却导致难以收场的结果……这种例子我们已经看到好几次了。

但是万一诺贝尔奖获得者被八卦杂志爆出有出轨嫌疑，世人的评论可能就急转直下，当事人就会遭到暴风骤雨般的唾弃。

不过我觉得，或许学者的人格有问题，但他研究成果的价值是不会消失的。

如今的社会大多不重视说话的内容，而是说话的人。然而，**无论是谁的发言，如果有趣就该赞赏，如果认为是错误的就应该自己寻找证据反驳**。这才是正确的自学态度。

成人自学很有必要

 用知识和信息保护自己

群马大学医学部的附属医院里,接受腹腔镜手术的18位患者死在了手术台上。这条新闻震惊了世人。

由于医院的体制,手术一直让没有技术的医生主刀,这或许是造成此次事故很大的原因,但我认为更恶劣的是,大学医院竟然滥用自己的招牌欺骗患者。

大学医院组织中的金字塔结构比我们想象的更加严格。一旦被比自己地位高的医生放弃,就很容易失去晋升的机会。因此,医生们经常都看着上级医生的脸色行事。

别说引入新的治疗方法,有时甚至不得不使用落后20年的手术方法。相反,如果上级对新的治疗方法感兴趣,哪怕没有技术支持，也会把患者当作试验品进行治疗。

但是，发生这件事的大学医院里的患者完全不了解这种现状。他们相信大学医院里的医生肯定技术高超，这才接受了治疗。

大学医院不仅没有感谢患者们的信赖，反而认为患者对大学医院毫无怀疑，哪怕手术失败也有办法糊弄过去，以致手术不断失败。即使如此，医院仍然让那名手术失败的医生继续进行手术。在第18个人之前，都成功地将这件事瞒了下来。

患者认为，在大学医院能获得最好的治疗。但恐怕直到现在，还有一些大学医院继续践踏着他们的信任吧。

我一想到那些连续造成18人死亡的医生，包括主刀医生和负责人还能高枕无忧，内心就非常痛苦。

对这种毫无人性的医生我无法原谅。同时我觉得怀有只要在大学医院就能得到出色治疗观念的患者需要及时纠正自己的想法。

只要积极了解医疗信息，就会找到技术高明的医生。这也的确是学习的一部分。

所以，成人自学有时也能保护自己不受伤害。

第3章 习惯三：高效能人士看问题经常用独特的视角

史蒂夫·乔布斯的勤勉

 高效学习关键在于发现问题

有位著名的数学家说过，**在数学奥林匹克竞赛中获得金牌的人，不能算是成功的数学家。**

这是因为在数学家中，能够提出数学问题的人才更胜一筹，解答问题的人只能算二流。

实际上，就拿费马大定理来说，和费马的名声比起来，350年后解开这个问题的人几乎无人知晓。

尽管如此，无论是东京大学的保送考试，还是2021年春天起所有国立大学即将实施的申请入学制中，数学奥林匹克竞赛里名列前茅的学生实际上都是无条件录取的。对此，我产生了一种焦虑感。

毕竟，**只提高解决问题的能力，无论在哪个领域都不可能成为一流的人**。而且，这种能力最终会被人工智能替代。

经营者需要的也是提出问题的能力。史蒂夫·乔布斯在开发 iPhone 时，曾发生过一件很有趣的事。他把技术人员提交的样品放进水池，看着冒出的气泡说：

"既然里面还有空气，就还能缩小。"

除此之外，他还无视技术人员，命令他们按照自己的想法去做。这样发现问题的例子不胜枚举。

当然，不能解开问题就不能解决它，所以解开问题就像基础力学一样重要。但是，解开问题时还可以借助周围人的力量。所以，要想成为一流的人，最重要的素质就是具有发现问题的能力。

无论是学会新的知识，还是答出资格证考试的题目，如果仅仅为此而高兴，那么你的自学也就只停留在兴趣的阶段。

如果想通过自学提升自我，那就要自己提出新的问题，并把解决这个问题当作最终的目标。

第4章

习惯四：高效能人士用适合自己的方法学习

提高质疑能力的方法

 拒绝填鸭式学习

在日本,多数人认为学习就是一种尽量开拓知识的过程。所以,读很多书、拥有广阔知识面的人总会被当成聪明的人,轻易就能吸引到他人的目光。为什么会这样呢?理由非常简单。因为日本连在大学也都只开展"开拓知识"的教育。

日本教育的构想是,高中生比中学生知道得多,大学生比高中生知道得多,这样就算聪明了。

我并不否认填鸭式教学。不仅在日本,许多国家的初等和中等教育都采用了填鸭式教学。

即使在美国的初等和中等教育中,学生也要一丝不苟地学习美国历史和英语语法。日本和其他各国的教育差异化,是从大学教育开始。

在国外的大学，**不只是单纯地开拓学生的知识，而要教会他们对现有知识进行质疑的思考方法。**

所以，在美国的大学里，学生不仅要学习历史知识，还有其他内容，比如要针对以前学习过的美国历史是否正确进行讨论，从而完成课程。

然而在日本，学生就算进了大学，也只是单方面地听取教授的学说而已，没有独立思考的机会。连文部科学省[①]都意识到培养具有独立思维的学生的重要性，后知后觉地着手进行制度改革，但我觉得这完全是个错误的决定，其实不应该通过在大学中设置鼓励学生思考的课程进行制度改革，应该改革的是高考。

最符合逻辑的应该是将具有独立思考能力的人才送进大学，但如果不改革最关键的大学教育，结果只会和现在相差甚微。

稍微有些跑题了。

总之，成人在自学时，很容易沉浸于开拓知识的想法中。但是，止步于开拓知识会落后于世界。正如我在上一章所说，**成年人学习的主题，是要掌握质疑和独立思考的能力。**

---

① 文部科学省：日本主管教育、学术、科学技术及文化振兴普及的中央行政机关。（译者注）

自学时千万不能忘记这点。

我再说一遍，我认为区分成年人是否聪明的标准不是知识水平，而是是否认为答案只有一个。

愚笨的人认定答案只有一个。所以当他找到所谓的答案时就满足于此，不会承认其他的可能性。

前段时间，我读了汤川秀树的传记，不禁感叹他才是真正聪明的人。

汤川博士年仅 42 岁时就获得了诺贝尔物理学奖。由于他是日本第一位获得诺贝尔奖的人，给日本社会带来了巨大的轰动。

但他的厉害之处不仅于此。他在获奖后仍旧孜孜不倦地继续探索，提出了新的假设并投入了证明。

汤川博士说过："事实经常会改头换面，对现有的真相深信不疑是最愚蠢的行为。"

实际上，他曾参与过很多研究，似乎也失败过许多次。但即使在获得如此荣誉之后，他依然展现了继续从事研究的态度，的确令人敬佩。

学习历史也是如此。

作家井泽元彦说过一句很巧妙的话："历史是由胜利者书写的。"

第4章 习惯四:高效能人士用适合自己的方法学习

胜利者必然会在记录中贬低失败者。《平家物语》写于源氏掌权的镰仓时代,平清盛在其中便被描绘成恶人的形象。八代将军德川吉宗统治的时代也会否定五代将军纲吉的统治。但井泽先生却认为,平清盛是一名具有国际性视角的优秀政治家,如果平氏的统治持续下去,日本可能会发展成以贸易立国的国家。

另外,德川纲吉因为臭名昭著的生类怜悯令而给世人留下了刻板的印象,但这道法令却也是世界上首部动物保护法。也有人称赞这道法令防止了武士因试刀引起的破坏,也使社会治安变好了。

所以,**万事万物的答案与视角绝对不是只有一个**。学习时应当牢记各种可能性。

高效学习
GAO XIAO XUE XI

学习历史

 学习不要停留在表面

关于井泽先生所说的学习历史的立场,我还想再多说几句。执政党的某位国会议员主张,历史教育中应该将神话中的神武天皇当作真实存在的人,这一发言引起了一部分人的讨论。

对于这名议员来说,神话的世界也算是古老而美好的日本历史范畴。如今日本也有人提出要尊重古代日本的优良价值观。

我赞成这种想法,不过也听到过这种声音:

"随意体罚固然不好,但体罚本身究竟如何呢?以前日本的体罚都是富有人情味的。"

但是，冷静地回顾一下历史，日本开始实行体罚实际上是在20世纪30至40年代以后。何况在明治时期制定的教育令中，体罚是明令禁止的。另外，战前能成为老师的，都是当地首屈一指的知识分子，因此不可能做出打人这种暴力行为。

那么，体罚究竟为何产生呢？这是由于在战争时期，学校导入了军事训练所致。军事训练是备战的训练，自然会有体罚的内容。另外，还有出征回来的老师将战地上的体罚机制带回学校，这也是不容忽视的一面。如今，军队转业的老师从20世纪80年代后逐渐退休，明面上的体罚逐渐减少。

但是，在这一时期接受教育的人群中，有一部分人怀念体罚，并试图将体罚作为一种传统恢复它的地位——这才是体罚拥护论的真相。

先不说体罚的好坏如何，至少体罚是日本的传统这一主张有违史料。柔道和剑道等如今流行的武术在这一点上也是如此。

在讨论某样事物时，用历史的观点去看，会有意想不到的收获。

我们有时会被歪曲的历史所诱导。

学习历史正是一种自卫手段,防止自己被那些因私利而利用历史的人笼络。

约翰·费茨杰拉德·肯尼迪在一次有名的演讲中说过:"美国公民们,你们不要问国家为你做了什么,而要问你为国家做了什么。"以前就有一位政治家以此为依据,主张严格管控生活保障制度。

但是,如果仔细地从头阅读肯尼迪的演讲,就会发现他说话的原本意图是:"国民如果依法缴纳税金,就能消灭贫困。"而这与严格管控生活保障制度的主张刚好相反。

这名政治家恐怕是先有"严格管控生活保障制度"的主张,然后为了强调结论而找的论据吧。

像这种为了一己私欲而强行解释的言论,应该仅仅是停留在酒桌上的闲谈。

学习历史时,一定要注意不要为了自己的观点误读事物本身的根本构造。另外要尽可能地使用原始的史料。(现在很多史料都能在网上查到。)

我就喜欢**井泽元彦老师的《反论日本史》**系列。从看待事物的视角这点来看,我要提一部作品——《希特勒的经济政策——从世界恐慌到奇迹复兴》,作者是一名自由撰稿人,但他搜集了很多希特勒的正面史料来进行论述（当然这种视角有必要怀疑）。

另外，我们还可以通过网络信息读到许多自己不曾想到的视角。

第 4 章　习惯四：高效能人士用适合自己的方法学习

学习经济

 我们需要了解点经济学

虽然我既不是经济学家也不是政治家,但还是想对日本的经济政策发表一些建议。

第一点,将遗产税变更为100%。日本于2015年修订了遗产税法,扩大了遗产税的征税对象。要说是增税还是减税,总体来说是往增税的方向发展了。

虽说增税了,但所有被继承人(去世的人)之中,属于征税对象的财产持有人不到一成。超过九成的遗产原封不动地由下一代继承。

假设一定数额以上的遗产需要缴纳100%的遗产税,那么如果被继承人在财产尚未用完的情况下就死亡的话,所有财产都必须要缴税。这样一来，老人当中花钱消费财产的人就会变多吧。

如今，日本个人金融资产大约有1700兆亿日元，其中将近六成属于65岁以上的老年人。如果能够实行这个政策，肯定能推动现金在市场上流动。

另一个政策是，与其增加法人税和所得税，不如大幅缩小经费的认定范围。给我灵感的是美国心理学家和行为经济学家丹尼尔·卡内曼的理论。

行为经济学不像传统经济学一样是以人类进行合理判断作为前提的，它是一门研究人类实际上是如何行动的，具有实践性的经济学。

对人类来说，与想赚钱的诱因相比，不想亏损的诱因要强三倍——简单来说，卡内曼就是把这种类型的理论公式化，并获得了2002年的诺贝尔经济学奖。

基于这种学说，从消费的刺激效果来看，比起减少法人税和所得税，让人觉得赚得越多手里的钱越多，还是让人觉得不用经费就吃亏了更能刺激消费。

当我说出这些看法时，有时也会被人指责是一个经济学门外汉的胡言乱语。

但是，面对这些批判，我有自信从正面反驳回去。

"的确,我不知道这些政策是否行得通。但至少这些政策一次也没有试行过吧?安倍经济学已试行将近四年了,但消费完全没有增长吧?有什么证据能证明我提出的政策不可行呢?"

"既然是经济学方面的专家,肯定听过卡内曼的名字吧。虽然你说我是个门外汉,但卡内曼可是以斯坦福心理学家的身份获得诺贝尔经济学奖的。有什么证据能说明门外汉不能讨论经济呢?"

丹尼尔·卡内曼提出的行为经济学结合了经济学与心理学,如果想了解一些构成它的基础观点,我推荐去读一下**理查德·沃那的《解密!平成经济大衰退》**等书。虽说没有囊括所有的学说,但很好地总结了以往经济学中的问题。

另外,诺贝尔经济学奖获得者**保罗·克鲁格曼所著的《一个自由主义者的良知》**则选择了一些独特的史实阐述经济理论,比如累进税越高时经济越好等。

第 4 章　习惯四：高效能人士用适合自己的方法学习

学习心理学

 你不可不知的心理学

在美国,学习心理学的人会受到一定的尊敬。

人们认为精通心理学的人能看透他人的想法,加上美国频繁交流的文化背景,他们就不会轻视学习心理学的人。

毕竟,美国的精神分析和咨询治疗需要花费高额的医疗费,医术不精的医生逐渐会被淘汰。

所以人们认为,在竞争中留下来的精神分析医生值得自己花费高额的医疗费就诊。

另一方面,由于英国实行免费医疗政策,一般的患者虽然需要综合门诊医生的介绍,但他们去医疗机构接受精神分析的患者绝非少数。虽然英美情况略有不同,但精神分析医生还是占有一定的社会地位。

与此相比，**日本的心理学家就太受轻视了。**

其程度之深甚至让我觉得，放眼世界，是不是只有日本这么轻视心理学家。

正因为这种对心理学家的轻视，才导致无论经济不景气多久，心理学家和行为心理学家有关经济问题上的言论都没能得到丝毫重视。

现状是，将近二三十年前的精神分析学书籍近来才得以翻译引进，电视综艺节目中也基本看不到心理学家的身影。

在日本，医生和心理学家想以精神分析的治疗为生是极为困难的。但如果当了大学教授就不一样了，所以精神分析业界的主流都是那些空谈理论只写论文的人。

这就导致那些大学老师用着几十年前的理论对患者进行"治疗"。

正因为如此，上班族学习心理学才会有极大的意义。

大家想想我之前提到的行为经济学就会明白，无论在什么领域进行讨论，都不可能剔除人类的心理和感情。

幸好我学过一些心理学，因此无论是讨论经济、政治还是国际关系，都能应用心理学的知识提出自己的主张。

我认为，**学习心理学可能是今后上班族必须要做的事情。**

能读英文书的人暂且不论,如果想读日语的入门书的话,我想自吹自擂地介绍一下我自己写的两本书:《痛快!心理学(入门篇·实践篇)》和《直面内心的临床心理学》。

第 4 章　习惯四：高效能人士用适合自己的方法学习

学习要自我享受与扩充人脉并行

 兴趣是你的最佳导师

我虽然自学了很多葡萄酒的知识,但也从日本第一所葡萄酒侍酒师培训学校创始人厄尼斯特·辛格身上学到了很多。

辛格告诉了我不少葡萄酒评论家罗伯特·派克的观点,我也有幸和派克在日本吃寿司、品葡萄酒。派克既不是职业侍酒师,也不是酿酒相关的人士,他只是一名住在美国的律师而已。

派克的律师朋友喜爱葡萄酒,由于能喝到高级葡萄酒,他便去参加了朋友的酒会。结果他发现品尝到的玛歌酒庄①的葡萄酒并不好喝,于是他抢在朋友之前对众人说:

---

① 玛歌酒庄:法国著名葡萄酒酒庄之一。(译者注)

第 4 章 习惯四：高效能人士用适合自己的方法学习

"我知道大家想说什么。这杯玛歌酒庄的葡萄酒很'难喝'吧？"

后来，他便开始以外行眼光对葡萄酒打分并进行评论，只给自己亲自品尝并觉得好喝的葡萄酒打高分。

派克的评论犀利无比，从不拘于葡萄酒的出产背景。比如法国波尔多出产的葡萄酒由于70年代收成不好，导致1975年、1976年、1978年、1979年都不得不接受极低的评价，到了1980年、1981年依旧没有回升，所以葡萄酒评论家们到了1982年依然没有关注波尔多。

但只有派克不一样，他预言道："1982年波尔多将会发生巨变。"结果他猜中了，这果然是一个丰年。

由于派克准确地评论了1982年的波尔多葡萄酒，法国的评论家们开始接受了他的观点。

我从派克的故事中学到了一个很重要的态度：不要相信权威和背景，而要相信自己的舌头。依据这一点，我发现加利福尼亚的葡萄酒口感更好，而且很少有根据年份选酒和高价买酒失手的风险，让我可以继续品下去。

由于我积累了不少品尝美国葡萄酒的经验，便在酒会上积极请别人品尝我觉得好喝的葡萄酒。同时还交到了林真理子等众多酒友，这也是我的巨大财富。

葡萄酒不仅让我感受到了学习知识的乐趣,也让我体会到了与人交流的有趣之处。 我觉得这是一门成年人可以学习一下的有趣学科,你们现在也有这个想法了吗?

学习有时可以扩充你的人脉。

对我而言,葡萄酒的学习就帮助我拓展了朋友圈。

我在年近五十时朋友圈得以扩大,全靠葡萄酒拉近了我与许多人的关系。

比起一人独酌,和众人共饮葡萄酒更有兴致。因此,我基本上每一到两个月就会开一次酒会。

由于要自己主办酒会,当然要拿出少见的好酒。碰巧我每三个月都要去美国学习精神分析,到美国后,我就会去找出售罗曼尼康帝酒庄葡萄酒的美国最好的酒商收购葡萄酒,或者通过拍卖买酒。

由于我对高价葡萄酒也毫不吝惜开瓶分享,说我挥霍可能也算吧。

但与其把葡萄酒收藏在家中独自欣喜,还不如与相处融洽的朋友共同分享这份喜悦。

要想买到好的葡萄酒,相关的知识也不可欠缺。

为了让对葡萄酒了解的人也能认可我的想法,我拼命学习

葡萄酒的知识。

如果只是把买来的葡萄酒请人品尝未免有失乐趣,最好对此进行解说。**这是锻炼演讲水平的绝佳场合。**

另外,只是干巴巴地讲解葡萄酒难免会冷场,还要准备其他的话题。

每办一次酒会都让我获益匪浅。我甚至不惜开一瓶高价的葡萄酒,因为对我来说收获也颇丰。

最近由于我不喜自己在葡萄酒上太偏科,又开始自学与拉面相关的知识了。

顺便一提,如果有想学习加利福尼亚葡萄酒的,我推荐去读中川诚一郎的《瓶中有梦》。

每天读一点英语

 不可不学的简单英语

精读是一种提高英语水平的训练方式。

阅读的内容可以自由选择。无论是自己喜欢的题材、工作相关的领域,还是新闻,选择自己觉得读起来简单的英语就行。

只要有这个领域的基础知识,英语读起来就相当简单了。

比如喜欢电影的人就算读英语的电影杂志,应该也能大体上猜中一些内容。但是要注意两点:

①在读的时候发现不懂的地方,不要放在那里不管,事后要查字典确认。

②碰到有趣的文章和段落一定要记录下来并努力记住。

能做到这些的话,英语水平肯定就会提高。

阅读与工作相关的领域时,需要掌握一些专业术语和常用表达。对此仔细记录和核实,慢慢地你也就能阅读一些高难度的专业书了。

我就是如此,由于在留学时有过大量阅读精神分析论文的经验,如今也能毫不费力地研读文献,甚至可以用英语书写论文。

读新闻时,可以先从日本发行的英语报纸开始读起。这样做的优势在于,之前对不少新闻有了印象,就比直接阅读国外报纸要容易,另外还可以和日语报纸进行比较阅读,就能准确掌握表达方法。

习惯以后就可以挑战一下国外报纸了。最近通过网络就可以接触到国外的媒体,我推荐各位养成每天在固定时间通过网络阅读英语的习惯。

* USA TODAY http://www.usatoday.com/
这里可以粗略读到一些美国的最新新闻,比较简单。

* U.S. News & World Report http://usnews.com/
这里可以看到美国许多领域的最新排行榜。

英语对成年人来说是一门重要的学科。

对有的人来说,英语是职业生涯中不可缺少的一部分,应该也有不少人希望通过掌握英语来提升修养。无论目的如何,想学习英语的人都有一个共同点,那就是渴望掌握英语对话的技巧。

"虽然为了考试辛苦学习英语,但因为日本学校教的英语是'哑巴英语',基本上毫无意义。"

"要想真正掌握英语,就必须要掌握英语对话能力。"

这些道理各位都听过几百遍了吧,那么学习英语对话真的很重要吗?

毕竟在英语学习中,对话是难度最高的科目。

假设一个具有平均英语水平的日本人对着一个外国人阅读英语报纸会怎样呢?我想那位外国人一定会很伤脑筋,因为他完全不知道对方在说什么。

简而言之,英语的发音体系和日语完全不同,发音本身就是一个巨大难题。

比如我们在美国说"Thank you"(谢谢)时,估计除了一些日本人很多的地区,其他人完全听不懂我们在说什么。日本人很难发出 th 的音，想说 I think（我想），结果只会发出 I sink（我沉没）的音。

其实拉丁语系的人也发不出 th 的音，标志性的发音一般是"I chink""Tank you"等。只是美国有很多拉丁语系的居民，相对来说比较好懂而已。

就算发音对了，很多时候音调不对也听不懂。

另外，由于在英语中一个音节的发音长度必须相同，所以冠词 a 和 think 的发音时长是相等的。甚至阅读文章时还有语调，如果语调不正确，对方也会听不懂我们在说什么。

哪怕只是想完成简单的日常对话，也需要大量的练习。

我有一个疑问，人真的可以轻易做到用说英语的速度进行书写吗？

说英语的时候，我们的顺序是先在脑中写出英语再进行发音。

比如"平清盛在日本史中以恶人身份出现，但作为政治家却得到了称赞"这句话，你有可能流利地用英语说出来吗？就算可以说些打招呼程度的英语，一旦进行到了学术话题就哑口无言。这样真的也能算会英语吗？

所以我认为，**与其学习英语对话，不如更重视读写。**

能够读写英文有很大的优势。哪怕日本的英语教育受到诸多指责,在读写方面能得到认可的部分也不在少数。

在国外留学的日本学生之所以能够读懂课本,也是因为掌握了英语阅读理解的基础。读懂英语之后,他们就可以阅读国外的报纸和文献,也能独立查找到国外的网络信息了。

同时也能知道国外的媒体是怎样报道日本的。

接着只要稍微有一点英语写作能力,就能通过社交网络发表自己的见解。

比起能够进行交流但言之无物的人,外国人更愿意和交流略有困难但言之有物的人说话。

掉转立场思考就会发现这是理所当然的。比起日语说得极其流利但说的话题很无聊的外国人,我们自己也更愿意和说话磕磕绊绊但说的内容有趣的外国人交流。

当然,说话流畅是最好不过的了,但如果在糟糕到需要笔谈的情况下还能言之有物,肯定会给对方留下深刻印象。

因此可以说,英语读写的实用性和学习价值更大。

在英语中,说话内容比口语能力更重要。 我在美国留学时好几次深刻感受到了这一点。有一次我在芝加哥宾馆的酒吧里一个人喝酒,这时,一对美国情侣中的男性向我搭话。他说他来自密歇根州,从事与汽车相关的工作。那是 25 年前,汽车行业里日美贸易摩擦问题的讨论沸沸扬扬,日本贸易黑字冲击依然真实可见。

他对我说:"我虽然在美国的汽车公司工作,但感觉公司快倒闭了。为什么日本的汽车能席卷美国呢?"

估计大多数日本人都会列举出以丰田式生产方式为代表的无浪费生产体制、高科技力量、勤奋的劳动者等来说明日本汽车的优秀之处吧。

但是当我说出"日本的劳动者比你们要优秀得多"的时候,酒桌上的谈话就会变得很没有意思。

我从一个稍微不太一样的角度跟他进行了说明。

"美国的汽车经销商都是各自独立的吧?"

在美国,当地有财力的人会以独立经销商的身份同时经营丰田、福特、梅赛德斯的店铺。"所以……"我接着说,"结果就会导致厂商把销售环节完全交给经销商,把厂商和用户隔离开来。在日本有家叫马自达的公司,虽然以前曾陷入经营困难的境地,但他们并没有裁员,而是把员工借调给经销商。通过了解用户的需求,他们推出了日本首款舱背式汽车,经营状况得以回转。当然技术提升也很重要,但如果不能收到用户的反馈,就没法开发出好的汽车。"

我说明完之后,他露出非常佩服的神色,对同行的女性说:**"他虽然英语说得不好,但说的话很有趣。"**我至今记忆犹新。并不是因为我的英语对话水平没有被认可,而是因为我用日语想到的内容和用英语读写的能力被认可了。

我再说一次,英语对话的内容比发音更重要。

发音僵硬不是一件多么可耻的事。

国外有些人还故意说着蹩脚的英语,认为带点法语口音的英语更受欢迎。

在日本也有些故意说着蹩脚日语的艺人很受欢迎。如果他说着流利的日语,他的角色设定反而会被削弱,甚至可能会失去一些魅力。

而且如果发音稍微好一点,在美国这个移民众多的国家,哪怕长着一张日本人的脸也会被当作本地人,别人搭话时速度就会非常快。很有可能听不懂别人说话,导致自己受苦。

那还不如故意说得差一点,慢慢讲,对方也会照顾你而说得易懂一些。

如上所述,与其把时间花在学习发音上,不如练习用英语

讲述历史。

国外的人有时会出其不意地问一些问题,比如"现在的天皇叫什么名字?"(千万不要回答平成①)要是回答不出来未免太没面子了。

另外,除了交谈的内容,也一定要注意用词。尤其欧美是个阶级社会,人们可以从遣词造句中判断你的学历和素质。同时,俚语之类的词句只会让人看低自己,最好不要使用。

现实就是,无论发音多么接近本地人,一旦使用的语句显得低俗,就会被彻底当作低俗的人。

从这重意义上来说,被称为僵硬无趣的日本教科书式英语也可以说是一种能安全使用的语言了。

要想提升英语的读写能力,总之首先要持续进行学习。

我在美国留学时经历过庞大的作业量,每周要读300页左右的材料。读了那么多,我的阅读理解速度自然就突飞猛进。

我也推荐大家平常看看 TIME、Newsweek 这种国外杂志,或者是与自己学科相关的国外文献。但因为这些杂志的英语难度会很高,所以不要勉强自己,寻找符合自己水平的杂志和报

---

① 平成:日本的年号。(译者注)

纸也是明智之举。

用英语写作时，让外国朋友帮着修改一下英语也很有效。

其实就连美国人，哪怕是学者水平的，不擅长写作的人也比我们想象中要多得多。

因此美国就会有一些专业的编辑，他们会把医生写的文章重写成适合论文发表的形式。

我以前写英语论文时，也经人介绍找编辑帮我修改。

专业的编辑会仔细检查英文，确切地指出"这部分的论述不合理""这段内容论据不充分"等。

当然，成人自学时没必要到找专业人士帮忙的地步，但如果能找到母语者的朋友请他们看看文章帮忙修改一下，也是很好的学习。

第5章

习惯五：高效能人士很擅长时间管理

严守七小时睡眠

 绝对不能减少睡眠时间

虽然想自学但没有时间，这或许是大多数上班族心中的烦恼。

本来每天就很忙了，还会发生一些必须要处理的突发事件。

"孩子发烧了。"
"送别宴和欢迎宴这种聚会接连不断。"
"决算月的工作量增加。"

在这种情况下，挤出属于自己的时间极其困难。
当我们需要时间时，**很容易想到的方法就是减少睡眠时间。**

但是，这个方法并非明智之举。睡眠时间是生存必需的时间。

忽视睡眠时间，多次勉强熬夜自己学习，必会造成恶果。思考速度下降，工作和做家务的效率降低，结果造成时间的浪费。

哪怕不顾身体拼命努力，虽有充实感但相对来说不出成果。半夜读书第二天也会把内容都忘了，就算写文章，内容也支离破碎。

另外，不少抑郁症和恐慌症的发病原因就是过度疲劳。最糟糕的情况下可能会导致过劳死。这样一来更别提学习了。

再忙也要保证睡眠时间。我自己也是，无论多忙，每天白天和晚上加起来都要睡足七个小时。虽然每个人情况不一样，但通常每天需要五到八个小时睡眠时间。为了健康，也为了促进大脑思考，睡眠是不可缺少的要素。

想睡的时候就睡。早点睡，第二天早点起来学习。首先不能忘记最基本的这一点。

将自己的活动可视化一次

 高效能学习——效率重于一切

应该减少的时间,不是睡眠、吃饭、工作这种为了生存必需的时间,而是浪费掉的时间。

把自己平常一天从起床到睡觉之间的活动详细记录下来。吃饭、照顾孩子、上下班、工作、做家务、看电视、洗澡等,应该有很多活动。

将自己的活动可视化之后,浪费的时间就一目了然了。

把发呆看手机的时间、看电视的时间、喝酒的时间加在一起,大概有两个小时吧。

列出浪费的时间,再把这些时间用于学习就行了。

大家还记得小时候会和父母约定"每天只能看两个小时电

视""每天只能打一个小时游戏"之类的吧。

同样,自己要约束自己"每天只能看一个半小时电视""每天只能看一个小时手机"。

去喝酒的时候也是,给自己定个固定的结束时间也是一种方法,比如"喝到10点为止""只参加第一场聚会"等。

喝完酒回来,虽然学习没有效率,但可以避免睡眠不足和宿醉,从结果上没有浪费时间。

但是,**只是减少浪费的时间就放下心来未免太轻率了。**

比如有时把看电视的时间用来看书时,书的确是读了,但内容完全没进脑子,只是呆呆地翻页罢了。特别是有想看的节目和体育比赛时更是如此。

这种情况下大概能得出判断,既可以学习其他科目,也可以放松一下。体育比赛结束后再学习也行。

定期回顾时间的分配,重新制定时间表很重要。

要想减少时间的浪费,提高单位时间的学习效率同样很重要。正如前文所说,不是只拿本书坐在桌前就可以了。和花费多少时间相比,**学了多少内容**更重要。

工作中也是如此。

以前企业都是按照工作时间长短发薪水的,工作时间长的人拿的薪水越高。这一制度在无论生产多少产品都能卖出去的经济高度成长时期可以说符合道理。

但如今,生产的产品不一定能卖掉。如果不提高生产效率,不管哪个企业都会生存不下去。比起加班到深夜赚取加班费的人,高效工作定时下班的人更容易得到青睐。

因此,现在**重视单位时间工作效率的企业逐渐增加。**

按照成果决定收入差距的情况已成定局,今后工作效率低下的人的薪水将会被大幅削减。

无论在工作还是在学习中,都要提高单位时间的效率。

这样,自由支配的时间就会增加。既可以利用这些自由时间增加学习量,也可以充实个人生活。

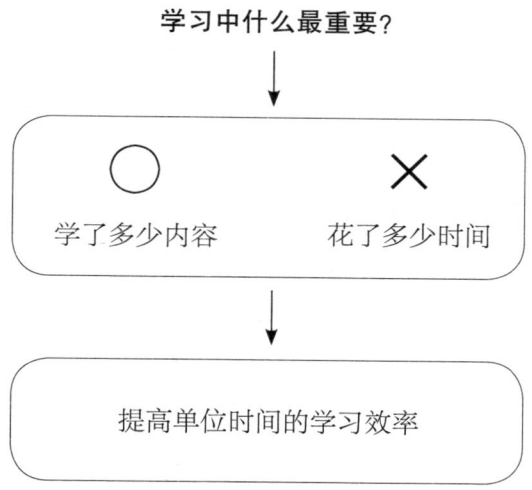

精细化管理学习时间

 找到自己的黄金时间

注意一下自己平常各种活动需要花费的时间,这是合理管理时间所需的第一步。之前我也提到要列清单,不过首先要把自己日常活动所需的时间可视化。自己每天吃饭要多长时间、洗澡要多长时间、化妆要多长时间……要把这些情况都掌握清楚。

工作也是如此。你需要掌握一下自己写企划书要多长时间、检查邮件要多长时间。了解自己单位时间能完成多少工作非常重要。

"5分钟可以检查完邮件。"

"10分钟可以计算完经费。"

"2个小时可以写完1篇企划书。"

了解这些之后，**就能更好地管理时间**。不仅能很容易地挤出空闲时间，也能很好地利用起来。

把这些应用到学习上就行了。

"30分钟可以读完50页入门书。"
"1个小时可以写2000字的文章并发布在博客上。"

这样一来，就能有效地利用时间了。

反过来说，没法判断花费时间的活动就不要深入进行了，这样才是明智之举。

"一旦开始打麻将就肯定要通宵了……"
"一旦开始打游戏就肯定停不下来……"

要极力避免这种情况。

当然，适当的娱乐也是必要的。虽然不要太禁欲，但还是要注意不能放太多精力在那些没法判断花费时间的娱乐方式上。

虽说要重视效率，但睡眠以外的时间都马力全开的行为也值得商榷。适当的休息和放松还是有必要的。

人的注意力最多只能坚持90分钟。大学的课堂也是以此来设置的。

可以规定自己最多学习90分钟，也可以90分钟后就休息。

进行脑力劳动时，应该有意识地休息。

美国有很多人遵循工作50分钟、休息10分钟的惯例。休息10分钟反而更有效率。

除了每天的休息，每周的休息也很重要。

要是周末也排得满满的，那么身心就都没有休息的空闲。

所以每周都要挤出一天用来休息。周末没办法休息一整天的人，起码要休息半天。

从长期的角度来看，有计划的休息非常重要。

"大型项目结束后休个长假。"
"夏天凑个长假出国旅行。"

要像这样给自己空出放松的时间。

擅长工作和学习的人，该休息的时候肯定会好好休息的。

劳逸结合很重要。

要是觉得自己筋疲力尽了，就先休息一阵吧。

虽然有的人平常早睡早起，有的人是夜猫子，这些因人而异。但我还是觉得早上最适合学习。

上班族平常挤着全是人的电车去上班，工作好几个小时，有时还会加班，再坐着拥挤的电车回家，因为疲惫不堪根本没法学习，这也是事实。

所以在大脑和身体都不疲劳的早晨学习比较好。如果可以，**最好比平时早起两个小时确保学习时间。**

我原本是个夜猫子。白天忙于工作，晚上和朋友熟人边走边喝酒到深夜。年轻时尚有体力，夜生活对拓展人脉和获取信息来说必不可少，不如说这是我的精力来源。

时光飞逝，随着年龄的增长，我注意到了早晨的宝贵。早起不再那么痛苦了，这也是我身上发生的巨大变化。

每天提前晚上的睡觉时间，**23点睡，早上5点起床。** 从那以后，我就完全变成了一个早睡早起的人。在临近截稿日的时候会更加提前，然后每天中午午睡，保证每天睡眠时间在七个小时。

得到充分的睡眠后，早上醒来大脑就无比清醒，心中也充满了积极的情绪。

　　首先,关键在于要能一下子离开被窝。早上第一件事就是喝咖啡,简单地做一下体操,再冲个澡,养成这些习惯是为了之后的冲刺。早上可以更加自由地支配时间也是一个很大的诱惑。家人都在睡觉,没有人会打扰。这样就能专心学习了。

　　我早上刚过5点就开始写稿,一想到写完15页稿子才7点,心情就非常放松。

　　白天的自由时间有限。而晚上身心疲惫,还容易有杂念。就算想自学,也觉得筋疲力尽。还是精力充沛的早上效率更高。

　　我和著名的财经界人士以及企业家谈过,发现大多数人都早睡早起。

　　虽然很多人会在休息日的早上自然地睡个懒觉,但我还是推荐大家早起。在早上7点到10点学习之后,就能自由地度过休息日了。

减少分心的时间

 好好学习，好好吃饭

吃饭时间和睡眠时间一样，是生存必需的时间。我认为吃是一种乐趣，每天三餐一餐不落。

尤其早饭和注意力密切相关。基本上来说，肚子稍微饿一点的时候效率比较高。但要是饿得厉害，反而会降低学习动力。

比如早上 8 点吃饭，中午 12 点吃饭，晚上 19 点吃饭，这种循环非常普遍。在这种情况下，早饭和午饭间隔 4 个小时，午饭和晚饭间隔 7 个小时，晚饭和第二天的早饭间隔 13 个小时。这样一来，**如果不吃早饭，吃完晚饭到第二天的午饭之间其实有 17 个小时的空当**。很明显这会导致葡萄糖不足，大脑极易处于低血糖的状态。所以还是要吃早饭。

根据文部科学省平成二十四年（2012年）对全国学习能力及学习状况调查，数据显示**早上正常吃早饭的学生在考试中答题的正确率较高。**

"能让孩子早上好好吃饭的家庭，也会对教育进行投资的，成绩好理所当然。"

虽然有人也会这么认为，但吃早饭的孩子成绩好也是事实，所以吃早饭并没有什么损失。

到了一定年龄后，脑内很容易缺乏血清素。这也是抑郁症发病的原因。要想增加血清素，就要多吃肉。

肉里含有的色氨酸是形成血清素的材料。如果因为减肥而不吃肉，也会危及心理健康。

而且由于日本人对肉的摄取量远比欧美人少得多，不用担心自己吃肉太多。

为了大脑，还是要摄取必需的营养。另外，要想保持大脑注意力集中，还有一个方法就是推迟午饭和晚饭的时间。空腹时完成学习，之后再吃饭就行。

正如前文所说，通过合理的饮食和生活节奏可以创造出适合专注学习的环境,但为了学习过度追求专注未免也太以自我为中心了。

如果坚持认定专注就能提高效率,那么很有可能最后以低效画上句号。

可能我们都有过考试前一天非常专注的经历吧。但那不过是瞬间的、短期的提升而已,而且它是因外界压力而产生的,根本不算自主的专注。而且,人类这种生物,越是要求自己专注就越是专注不起来。

但是,**减少分心时间还是可行的**。

研究过那些学习失败者的行为模式之后就会发现,他们往往会做出一些让自己分心的事。

比如熬夜后就会睡眠不足,在这种状态下第二天当然会分心了。宿醉也是如此。

人在有心事、有其他在意的事情时也会分心。比如,就算忍着不看自己想看的足球比赛直播而去学习,也完全学不进去。

为了防止分心,就要排除这些让自己分心的因素。注意保持身体健康、避免过度饮酒那是肯定的,还要在碰到担心的事情时积极解决,这一点也很重要。

比如可以在看完足球比赛直播之后再认真投入学习,这样

效果可能会更好。

重新确认一下自己究竟在什么时候会分心。一旦找到让自己分心的原因,就要想办法消除它。

要想提高学习效率,就必须要好好处理这一事项。

第 5 章　习惯五：高效能人士很擅长时间管理

制作和他人时间差来获取成功

 有效利用上下班的时间

很多上班族都认为一天中上下班浪费了很多时间吧。

就算单程1小时，来回就2个小时了。这样计算可以得出，1周工作5天的人每周要花10个小时、每个月要花40个小时以上在路上。

能否有效利用这段时间真的非常重要。

如果能多等几趟电车来保证有个座位，或者乘坐空荡荡的慢车，只要能坐在座位上上下班，就有可能拥有用来读书的学习时间。假设坐在电车上的时间是35分钟，利用好这段时间，就可能读完很多内容。

要是提前一个小时以上上班，或许就能避开早高峰，悠闲

地去公司了。

除了读书以外,还可以用手机记录一些笔记、看一下新闻,或者看一些信息节目、听广播里的新闻、听自己录下来的广播讲座。

9点上班的人如果能在7点半到达离公司最近的车站,每天就有1个小时30分钟的自由时间。

在这段时间去公司附近的咖啡馆,每天就能学习1个小时30分钟。

要是无论如何时间上面有限制,必须要乘坐拥挤的电车,连学习工具都用不了的人,还可以思考。

思考一下在博客和社交网站上发布的内容,模拟自己和周围人讲话的场景。没法用手的时候,要努力开动大脑。

早上在家中专注自学的人,上下班时就可以放松一下。让学习之后的大脑得到休息,为在公司工作做准备。

为此,早上上班时可以选乘豪华列车或者有固定座位的特快列车。选择固定座位的费用为每次500至1000日元,1个月下来需要1万至2万多日元。可能有人觉得这样太浪费了,但我认为这是种不坏的投资。

拥挤的电车会让上下班的过程磨损人的精力。

要是进公司时就消耗了大量的体力,就会造成工作效率低下,以致不得不加班,导致疲劳累积,工作效率更加低下,形成恶性循环。

今后要是按照单位时间的工作效率对人进行评价的局面形成,在短期内能给出成果的人,薪水的考核便尤为可观。假设每个月的薪水会有10万日元的差距,那么1万日元的投资将会非常划算。

要是觉得坐了豪华列车或者有固定座位的特快列车却什么都不干很无聊的话,也可以把上下班时间用来娱乐。

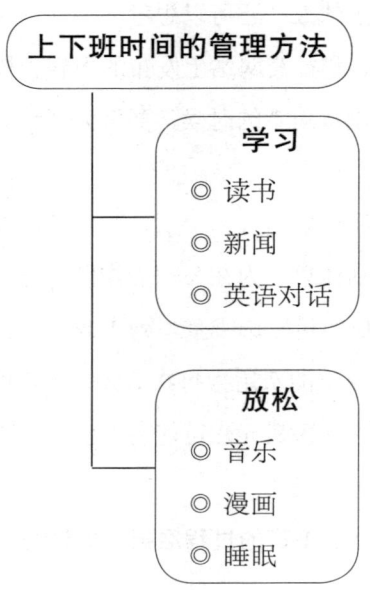

听音乐放松、看小说、用电子产品一口气看一部漫画、用手机看电影和电视剧也行。或者放松自己，安然享受休息时光。

早上上班时，为了保存体力才要尽量坐在座位上去公司。

与此相对的，回家时体力已经消耗到了一定程度，就算坐着慢车晃悠悠地回去，疲劳也不会大量缓解。

既然如此，还不如坐着稍微有点拥挤的电车，早点回家休息更好。

加班到半夜再打车回家，这点还有待商榷。半夜坐在出租车上，很容易就累得不知不觉睡着了。等回到家又不易入睡，打乱了生活节奏。尤其是喝完酒打车回家时，醉醺醺的也没法读书。就算把钱投资在半夜涨价的打车费上，能获得的效果还是有限。

加班以及出去喝酒时，也要在固定的时间坐电车回家，为第二天做准备。

相反，不仅不要半夜打车，还要尽量在白天打车。

"明明可以坐更便宜的电车，没必要特地打车。"可能有人会这么想，但白天打车的确有投资的价值。

首先，**白天打车时，车内光线明亮，大脑比较清醒，是学习的大好机会。**

看看街景也可以学到一些东西。从流行的店铺、流行的景点、重新开发的街道的风景之中,可以看出时代的变迁。

比如觉得某家店好像比较常见,就可以假设这家店正受欢迎,然后验证一下自己是否正确。查阅业界的业绩,或者围绕一家企业进行研究,就能学到经济和管理相关的知识。

就算自己的假设错了,也不用担责任。比这更重要的是,建立新的假设,然后再去验证,这一重复的训练过程。

或者坐出租车时发现一块大得不自然的土地,就可以查一下这块地以前是做什么的。这样就能明白世间的兴盛变迁。

或者听司机讲讲经济动向,说不定会有新的发现。不要只是为了发呆才打车,而是要把它想作学习的机会,这样也许就可以值回车费了。

成人自学和学生备考复习不同,但参照以前备考的经历,也有一些可取之处。那就是安排日程的方法。

备考时会有考试日期这个截止时间。

如果学习能力没有如愿提高,就要反复进行假设验证,按照新的计划进行学习。

用这种备考方法,对时间的管理就会在过程中越来越熟练。

我自己刚开始学习时间管理,不为别的,正是因为要准备

考试。

　　围绕学习进行的日程管理和时间管理，的确为我的备考过程提供了帮助。首要的一点就是设定目标。

　　学习计划最少也要以 1 个月为单位进行。当然，以 3 个月、半年、1 年、3 年为单位设置目标也很重要，但日程还是要以 1 个月为单位进行调整。

　　因为不一定每天都能学习，就可以预先决定好哪天学习。特别是休息日，就可以空出一整天专注学习。比如可以规定：

"第一个星期六读专业书。"
"第三个星期日出门进行田野调查。"

　　这样就不要在那天安排工作和娱乐的事项了。

　　要是以坚定的意志安排日程，意外地可以按照日程进行学习。

　　调整学习计划时，不要单纯用学一个半小时、学一天这种时间来设定目标，而是要设定量的目标。

　　正如前文所说，不要关注学习的时长，而要关注学习量。

"读 30 页书。"

"写5页报告。"

要像这样用量来设定目标。要是比预定的要早完成目标,不用勉强自己继续学习也行。

第 5 章　习惯五：高效能人士很擅长时间管理

两周拍一集

 做一个有计划性的学生

我在拍电影方面深受一位老师的影响,他就是电影导演富本壮吉。

富本导演在大映电影公司担任电影导演期间积累了经验,独立出来之后,导演了很多电视剧。还导演过当时人气爆棚的山口百惠主演的电影《污泥中的纯情》(1979 年)。

他拍摄那部电影时,**山口百惠的档期只能保证 3 天时间,但最后电影依然完成了,一时成为传说。**

据说他把特写和中景等需要脸部的镜头用 3 天全部拍完,剩下的全用替身演员,这就是为何他能完成这一传说的原因。他是一名特别擅长做计划的导演。

我曾经在富本导演的片场打杂，担任服装部的助手。

当时我还是东京大学医学部的学生。

那时我立志成为一名电影导演，正在自己拍摄 16mm 电影。但过了半年，连一半也没拍完，专业演员也一个接一个退出，我正处于痛苦不堪的状态中。

服装公司的总经理对我的失败不忍旁观，"你这样一辈子也拍不出电影了。**要不要去日本最有计划性的导演手下打杂，学学他的方法？**"

他关怀地对我说。

他介绍的剧组叫"周六广角剧场"，拍摄的是朝日电视台的系列电视剧。听说两周就要拍完一集。

据我的经验，要想两周拍完一集，片场情况一定非常严峻。可能没有休息时间，说不定还会要通宵拍摄没法回家……

但实际到达片场后，**拍摄以惊人的速度进行，每天傍晚 5 点就收工了**。助理导演不在现场也让我很吃惊。他们不在拍摄现场出现，而是去准备下一个拍摄现场。

尽管我对拍摄的速度和节奏非常佩服，但依然难以消除疑虑。

我想，可能这些人只是在偷懒吧。就算拍的是电视剧他们说不定也并不重视吧。

拍摄进展了一段时间后,我看到放映出的电视剧再次惊呆了。

那部电视剧正是"周六广角剧场"历史上最长寿的高收视率节目《家政妇看见了!》系列第一部作品。

从这段经历中,我深切地感受到了计划的重要性。

无论是拍电影,还是工作和学习,都要充分利用有限的时间。

我在这一章中,介绍了在有限的时间内进行自学的方法,希望各位能参考一下。

第6章
习惯六:高效能人士会有选择地阅读

读书的价值上升了

 读书就有优势的时代

我从出版业人士那里得知,如今有名的商业杂志发行量约在 70 万至 80 万本左右。

因为有不少企业订阅,那就假设 1 本有 3 个人阅览,于是可以推算出读者约有 200 万至 240 万人。

总务省①调查局的数据显示,截至 2016 年 11 月,日本就业人数为 6452 万人。基于这个数据可以得知,**只要读了商业杂志,就自动跨入日本全部商业人士前 4% 的行列。**

至于商业书籍,卖得好的也就 3 万至 5 万本,要是读了言

---

① 总务省:日本主管有关国民经济及社会生活基础的国际基本体系的中央行政机构。(译者注)

之有物的商业书籍，就会进入前 1%，或者前 0.5% 的行列。

如果知识水平进入该领域前 1%，至少就不用担心失业的问题了。

顺便一提，商业书籍和商业杂志的读者群主要集中在东京圈。

我在东京以外的地方进行演讲时，哪怕是在管理层和企业家参加的研讨会中，也从未有人用我出版了 600 多本书来介绍我。

听众本身不怎么读书，就算介绍我是写书的，对方也不会关心。

相反的，他们绝大多数都会用我不久前参加的电视节目来介绍我。哪怕我只是在节目中点评了一两句，但只要说我参加过某某节目，别人就会觉得我非常厉害。看来大多数人还是认同电视的权威。

在这种情况下，我心痛地感到，如今已经不是通过读书就能和他人产生差距的时代了。

这个时代，只要读一下商业书籍和经济类书籍，在公司的会议中露一手，就能得到他人的瞩目。

如果能决定自己的学科，研读专业书，自然就能和他人产生压倒性的差距。

高效学习
AO XIAO XUE XI

有兴趣的、简单的,总有一个适合你

 快速找到适合你自己的书

决定好自学的科目后,必须要选择最符合自己目标的书。

比如,把目标定为通过簿记考试时,要是买会计学的教材就弄错了。

要想考证,最基本的一点是要买收录以前考题的真题集。接着评估一下自己需要学习什么内容,需要学到什么程度,然后再考虑还需要买其他什么内容的参考书,这才是正确的顺序。

学习精神分析学的时候也是,不应该先从弗洛伊德的著作开始看起。对初学者来说这样有些困难,我们要在现代精神分析学的前提下理解学习弗洛伊德,不然就没有什么意义了。

在了解一个新的学科时,从著名作者书写的教材或者广为承认的教科书开始学习风险太高了。

虽说是成年人的自学,应该以高目标为基准,但也不该突然从高难度教科书读起。

首先,不要追求虚荣,从手边的入门书读起就行。

先买几本名字里带"入门"的,或者便携的新书回来,从中大致找到框架(但是,弗洛伊德的《精神分析入门》绝对不是入门书。类似这种写着入门实际难懂的书有很多。与之相比,《第一次学……》之类的书可能会好一点)。

但是,有一点要清楚,就算读了入门书,也不过了解了一下框架,你依然还站在起跑线上,这一点也是事实。

有的人读过入门书后,就误以为自己在这个领域懂得很多知识。

入门书上所写的知识,如今在网络上或许基本都可以轻易地搜索到。如果对此自吹自擂只会是自取其辱而已。

自学刚刚开始,不要自傲,夯实基础,慢慢提高读书的等级。

寻找入门书时,基准首先是它能不能把自己想知道的内容简单易懂地总结出来。

"最容易理解……"

第6章 习惯六：高效能人士会有选择地阅读

"写给高中生的……"

凡是标题里含有这些内容的书，出版社和作者应该都会尽可能地讲得容易理解。

不要觉得这是骗小孩的，最好还是翻开来看看。

就算是入门书，书店里也到处都是，不知道该选哪一本。对于这样的人，**从新书里选也是一种方法**。从新书中寻找与自己想学的学科相关的书。

基本上来说，新书里有很多各领域专业人士简单进行解读的书，作为入门书正合适。价格来说比较便宜，比较一下几个作者写的书，选择最适合自己的入门书就行。

确实有一些书只有入门书之名，也就是我前文所说的，专家以入门书的名义写的难懂的书。要是因为书名买了下来可能会后悔的。

因此，在书店买书时，一定要确认一下序言和目录才行。

一本书序言的好坏是极为重要的一点。因为我自己也写书，所以明白大部分书并不是先写序言的。

一般来说是写完正文以后，再依据内容写序言。

因此，大多数序言是在总结全书主张的内容和作者想强调的重点。再加上大多数读者都会阅读序言，编辑也会参与其中。

越是特别好的书，序言就越会用心，所以序言写得有趣的书，书的内容大体上也有趣。 总之，只要读了序言，一定程度上就能明白这本书好还是不好。

多读序言，判断一本书是否是好书的技能就会提高。

但是光靠序言没法判断时，就需要读一下最开始的 5 页，应该就能掌握大致的风格。至少能读出是否通俗易懂以及作者的思路。

有趣的书在一开始就会引人入胜。

畅销书作家养老孟司老师的《傻瓜的围墙》等书，是开头就经得起阅读的代表性的书。

《傻瓜的围墙》第一章中，养老老师记述了他参加林野厅[①]和环境省[②]交流会的经历。会议上提交的报告标题是《二氧化碳增加造成的地球温室效应及今后发展》。

他读到这个标题后，提出要修改成"推测由二氧化碳增加造成的地球温室效应及今后发展"。

但官员反驳道："在国际会议上，世界上八成的科学家都

[①] 林野厅：日本农林水产省的外设局之一，主管林业行政的中央机关。（译者注）

[②] 环境省：日本掌管并推进环境保护等行政事务的中央行政机关。（译者注）

认为二氧化碳是造成地球温室效应的原因。"

科学并不是少数服从多数,把科学的推论认定为真理未免太可怕了。

怎么办?

从一开始我就对养老老师的观点无比认可,等我意识到的时候,翻书的手已经停不下来了。

要是一本书的序言和开头引人入胜,或者文章的节奏容易理解,内容平易近人,那么就可以判断这本书是值得购买的。

定点观测,准确锁定

 有选择性地读书

我们应该在网上买书,还是在书店买书?

我的情况是,自己的书在网上买,别人的书在书店买。买自己的书是为了分发给熟人。

因为自己写的书已经知道内容了,就没必要特地在书店确认了。所以可以轻易在网上购买。

也就是说,我的立场是基本在书店买书。毕竟要想确认内容,最好还是在书店拿一本看看。

尽管我知道在网络书店也能试读,但把书实际拿在手中还能知道纸质和厚度。

不仅要在书店买书,还要选择常去的书店,这点非常重要。

一旦选择了常去的书店，就可以进行定点观察。

比如有自己喜欢的作者时，要是只在网上购买他的新书，视野就无法开阔起来。但是，**去书店的话，经常光顾某个书架的人，或许会有新的奇遇**。当然，要是一直都随意看看不同的书架，可能更会碰到新的奇遇，视野更加开阔。

另外，我对哪个书架摆放着自己想了解的学科的书大致都有个数，因此新书到货时立刻就会知道。

看到值得信赖的店员热心地把某本书平放了（封面朝上叠放），就能立刻推测出这本书可能很有趣，倘若看一下序言和目录确实觉得有趣，那么就可以放心购买了。这种买法正是在自己常去的书店才能采用。

我常去的书店是东京神田神保町的三省堂书店，并且还会以每周一次的频率进行定点观察。

在书店，我不仅会去医学和精神分析学等专业书的区域，还会时常光顾一楼的新书区。

看一看新书区，就知道最近在卖什么书。我有时也会买一些时下正畅销的书看看。

要想减少选书失误，就要找到值得信赖的作者，追随他的著作进行阅读，这也是一种有效的方法。

读历史就读某某的书，读经济就读某某的书，读音乐就读某某的书，按照这样来选择，进而找到自己喜欢的作者。

因为作者是畅销书作者或者因为作者是东京大学的教授才买的书不一定合自己的胃口。

作者是否值得信任，终究还是要靠自己的判断。

对值得信赖的作者，每次阅读他的新书都不会觉得自己买得不值。

阅读同一个作者的书，难免会信息重复，但只要稍微有一点新的发现就可以买下来。

我在不同学科有各自信赖的作者。在书店里看到他写的书基本都会买。

我在教育、医学、社会问题方面写了很多书，但在非自己专业研究的领域，收集论据的数据也有限制。

因此，如果我信赖的作者的研究中有值得参考的数据，我就会在自己的书里介绍并引用。

比如在国际形势领域，**佐藤优先生**提出了报纸和杂志中没有出现过的视角。在经济领域，**小幡绩先生和水野和夫先生**会从新颖的角度看待现象，每本书都易懂有趣。

脑科学领域，我推荐池谷裕二先生。虽然脑科学家有很多，但他总是踏踏实实地基于实验结果发表自己的见解，非常值得信赖。

在**老年学领域,柴田博先生**提供的数据总是让我佩服不已。

虽说确定好值得信赖的作者的确有效,但会存在手头的书过于偏向一处的问题。在选书时,有不少人是为了确认自己的知识和想法才买书的。

比如,**认为某场战争是正义的人就会读很多佐证自己观点的书,而对批判该战争的书不屑一顾。**

相反,认为某场战争是错误的人也会读很多佐证自己观点的书,对否定自己观点的书不予认同。

但是,如果想深入自学,这种读书方法就是错误的。

读书的乐趣在于察觉到自己不知道的知识。正因为可以接触到自己不知道的知识,读书才存在意义。

重要的是阅读各种各样的书籍,增加自己的思想深度。

"还有这种新颖的看法呀。"

"我想不到这种思路。"

要多读能让自己有这种想法的书。读书最忌讳挑食。

读完全书后,有时也会觉得自己还是无法认同这种观点。

这时，就要分析一下为什么观点会产生冲突，然后表述出来即可。

不要情绪化地进行批判，而要冷静地分析为什么作者会有这种意见，以及为什么和自己互不相容。

就算是这种书，只要能让你有新的发现，也值得一读。

另外，当你在犹豫买还是不买的时候，就一定要买。

读完一本 200 页左右的书，可能有用的信息只有 1 页。尽管如此，要是这 1 页上有一辈子都能用到的信息，那么仅仅 1500 日元的购书费值得投资。

尽管阅读和自己观点相异的书很重要，但不代表要对作者的意见全盘接受。

世界上有很多书光明正大地对明显错误的信息予以肯定。

"综合考察过各种各样的信息后，可以推断出……"装腔作势说这些，其实表达的只不过是个人意愿而已。

不久前，我看到一本内容很可怕的书。作者是这样主张的：

"事实证明，不采取打点滴这种延长寿命的措施，对患者来说也是一种解脱。"

太令人震惊了。

需要采取这种延长寿命措施的病危患者大多没有意识。到底怎样才能了解到他们的心声呢？这本论文里完全没有写通过什么调查得出了这个结果，也没有给出足以成为论据的调查内容。

要是读过这本论文的医生提出，自己所在的医院也不要采取延长寿命措施的话，作者该承担什么样的责任呢？

我不知道作者是真的这么相信的，还是和某些业界有所牵扯才以御用学者的名义发声。

无论怎样，**过于武断下结论的书、主张答案只有一个的书需要谨慎对待。**

第6章　习惯六：高效能人士会有选择地阅读

速读时代

 高效能人士的阅读习惯——部分熟读法

那么,接下来我就要讲一下具体的读书方法。但说实话,**我原本不是个喜欢读书的人**,甚至可以说是属于那种不读书的。

然而,从某个时候起,我的阅读量猛增。契机是我去美国留学的时候。正如前文所述,我每周的作业都要读近 300 页的英语材料,因此我的阅读能力硬是在这个时候提了上来。

作业是阅读完某页至某页再总结。但我当时立志将整本书都读完。然而事实却是,作业每天都有,实在不可能全部读完。有一天,我发现无论如何都读不完了,只读了老师要求的部分就去上课了。但上课时我依然能充分理解内容,老师选的部分也切中要点,让我更加深刻地理解了书本的内容。

经过几次后，我的读书观念改变了。

我开始明白，**不用读完整本书也行。**

以前我总认为，**读书就必须要从头读到尾**。这种想法成了压力，让我的读书欲望也停滞了。

对和以前的我一样极具完美主义的人来说，任何事都追求完美的态度有时会成为枷锁。

过于追求精确完成细节，经常会浪费时间或者没法完成任务。实际上，完美主义的人在工作中也会掉入这个陷阱。工作虽然仔细，但会花费大量的时间以致赶不上截止日期，从结果来说会给他人带来麻烦。

面面俱到地读完以后，获得的信息也大幅受限。结果只能依靠很少的信息进行假设，无论怎样，方向都会有所偏重，很可能只会停留在不完整的表述上。因此，读书时只要读关键的部分就好，这样不仅会轻松很多，可能也不会觉得读书麻烦。

完美主义可能会给人一个好的印象，但在读书方面却有可能会带来烦恼。

留学时学会的部分阅读的方法大大改变了我的阅读风格。

比如精神分析学方面的书，只要我有基础知识，就算只读一部分也能大体掌握作者的理论。

部分阅读和读完全本这样来看没有什么差别吧。

从我开始认为读书**只要读有用的部分**以后，读书的难度就下降了，我也能轻松地进行阅读。

回到日本以后，我也依然在书店看到中意的书就轻易买下来，保持只读有用部分的习惯。

在此，我也想给各位读者推荐这种部分阅读的方法。我给它命名为**"部分熟读法"**。

我们需要舍弃读书就要从头读到尾的固有观点，部分阅读和读完一整本书相比负担会小很多，所以不擅长读书的人应该也能轻易尝试。

就算认真读完整本书，大部分情况下，读完也没法记住内容。与之相比，**只读10页、20页重要的部分，收获反而会更大。**

尤其是现在，周围到处都是信息。当然没有必要了解所有信息，每个人应该都想了解自己感兴趣的信息吧。

要是一一熟读这些信息，时间肯定不够用。在这个意义上，部分熟读法对忙碌的现代人来说正是恰当的方法。

部分熟读法和广为人知的速读、跳读并不相同。

跳读和速读是指用比平常快的速度读完一本书的方法。这些方法的研究目前已有所进展，还有不少相关书籍出版。

要是能在短时间内记住一本书,效率的确会很高。我以前也试过,但进展并不顺利。跳读的内容基本上我都记不住。

对具有特殊记忆力的人,或者能将眼前景象像照片一样保存下来进行重现的人,跳读可以说是一种有效的手段。

然而,大多数人和我一样,很难一边翻书一边瞬间记忆内容。

在这一点上,**部分熟读法就是一种适合普通人注意力的读书方法**。以同一种精神状态持续读完一本书需要相当大的注意力,但如果只读一部分,普通人也可以维持专注。

对我这种容易分心的人来说,还是在短时间内集中注意力比较适合。通过部分熟读法,原本需要用3个小时读完一本书的人,只要用20分钟就能最低限度地掌握内容。另外,这部分用10分钟就能再读一遍。这样能留在大脑里的内容就会变多。

假设需要3个小时完成的内容用30分钟就能完成,那么剩下来的2小时30分钟就可以用来做其他的事。

用这段时间去读别的书,单纯计算一下就能读6本。获得的信息量可谓有天壤之别。

部分熟读法是否有效,取决于熟读书的哪一个部分。

要是没能成功选出值得熟读的部分,结果就会陷入要读完一整本书的窘况。

不知道应该怎样选择熟读部分的人,就不要东想西想了,先熟读第一章就好。

我自己就是作者,写过很多本书。从我的经验来看,作者在全书中最想强调的内容大部分都在第一章。

我自己最想强调的内容基本都在第一章或者序言里。另外,编辑也会按照这个意图进行编辑。

第一章写的是总论性质的内容,从第二章起就会对总论中出现的主题一一解说。这才是正统的书写结构。

也就是说,**要想快点知道作者的主张,只要阅读第一章,就能大体掌握内容。**

我自己就会在买到书以后,首先熟读第一章,这样一来就能掌握要点。接着,对于还想继续读下去的书我才会通读全本。

其中有些书可能不适用这种方法,但这种方法总会有用得上的时候。

另外,**要是读完第一章(或者是读到一半)就觉得没有意思,我就会浏览一下目录,检查有没有有用的地方。**检查目录只要一到两分钟就足够了。

如果是有趣的地方,就熟读这部分。读一个小节的内容也就几页，只要花几分钟就行。或者潦草地翻一下全篇，只挑出统计数据、图表等可以用做素材的信息也行。其中还有一些书只看图就可以。

读小说以外的书，归根到底目的都是收集必要的信息。我们并不是为了成为作者的追随者而读书，因此只读一部分也是一种正确的读书方法。

总之，就是要在短时间内把有用的信息牢牢把握住。

"从后面开始读"这种方法是部分熟读法的变体。就和字面一样，这是种从书的最后开始阅读的方法。

有的作者会将以前写的文章再加上新写的部分集结成书。有的忙碌的作者从执笔到完稿需要花一年以上的时间。

在时代变化如此剧烈的今天，一开始写的部分可能会过时，但无论是作者还是编辑都明白，一旦修改就不知道何时才能出版了。结果就是顺势加上最后一章使之能够出版，导致最后的信息才是最新最有用的。

另外，应用这一技能，对感兴趣的作者也可以从最新的著作开始阅读。

同一个人的著作中，其思路会随着时代的变化多少有些改变。

基本上来说，最新的作品在理论方面应该更加深入，先读精炼后的观点比较有效。

从最新的作品往回追溯，也能明白作者的主张是如何形成的。对如今的观点中不重要的部分也可以大胆地跳读。

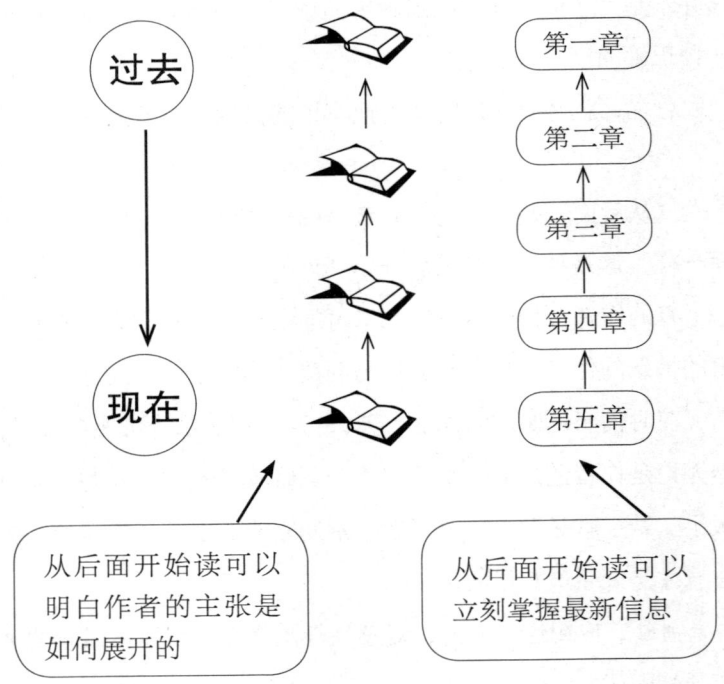

有时有些书也会让你读完第一章觉得无聊，读完小标题感兴趣的章节也觉得无聊，从后开始读还是觉得无聊。

在这个世界上的确存在标题和小标题与内容毫不相关的书。

"由于内容无聊,编辑就想办法在标题和小标题上下功夫,总之让读者先看看再说。"

"编辑没法理解内容,起的标题和小标题毫不协调。"

可能就是因为这其中某个原因。

碰到这样的书就不要深究了,立刻放弃阅读。

时间有限,考虑性价比进行判断非常重要。

把上班族的收入换算成时薪。每周休2天,大约工作50周的话,每年有250个工作日。

1天工作8小时,工作时间为2000小时。就可以计算出,年收入700万日元的人时薪为3500日元。

年收入1000万日元的人时薪为5000日元,精英阶层的时薪更高。

要是这些人觉得**书买都买了,一定要获得什么信息,只不过是在浪费宝贵的时间。**

与其忍耐一个小时读一本无趣的书,不如读5分钟就放弃,从结果而言性价比更高。

放弃无聊的书,去读其他的书才是上策。

你可以放弃一些书

 高效能人士的阅读习惯——比较阅读

围绕一个学科进行阅读时,最基本的一点就是同一学科要买好几本书。

这就是所谓的**"比较阅读"**,一种正统的读书方法。

比如阅读经济的入门书时,不要只阅读一本,而要读好几本。

因为其中有些入门书可能会有缺陷,同时也有分散风险的意思。然而除此之外,比较阅读学到的知识更为立体。

虽然是经济的入门书,但不可能对经济的各个方面都有涉及。每个作者关注的重点和优先顺序都不一样。从销售战略上来看,每个出版社都会为了与类似内容和题材的书区别开来,故意选择与同类书籍不同的切入点进行编辑。

通过比较来阅读入门书，可以一边补充学习内容一边继续阅读，两者相辅相成帮助理解。对同一处内容进行解说时，有些表述的差异反而比较明显，由此能够明确地理解作者的立场。

哪怕是词典（事典）这种给人感觉客观记述的内容，也会由于编者的不同，解说略有差异。

比较阅读之后，就会加深理解。

在自学的过程中，不要读完解说的书就认为自己理解了。重要的是认真比对原文准确理解内容。

福泽谕吉的《劝学篇》中，开头第一句"天不生人上之人，也不生人下之人"非常有名。人们通常认为这是在说每个人都是平等的。

然而仔细阅读后文就会明白，福泽谕吉写的并不是单纯的平等论调。

> 但环顾今日的人间世界，就会看到有贤人又有愚人，有穷人又有富人，有贵人又有贱人，他们之间似乎有天壤之别。
>
> 这究竟是怎么一回事呢？理由很明显。《实语教》说："人不学无智，无智者愚人。"所以贤愚之别是由于学与不学所造成的。①

也就是说，福泽谕吉的主张是这样的。

"原则上人生来平等，但在现实中有穷人也有富人，有身份高的人也有身份低的人。产生这种天壤之别的，是学问的差距。认真研读学问的人自然就富裕，没有学问的人只能屈于贫穷。"

认真阅读原文就会发现，福泽谕吉根本不认为人是平等的，反而是个偏向美国流派的竞争主义者。

这样各位就能理解阅读原文的重要性了吧。

---

① 本段译文引自商务印书馆1984年10月修订二版的《劝学篇》。（译者注）

一切都是为了输出知识

 读书要以输出知识为前提

正如我在最开始所说,成人自学最重要的不是输入知识,而是输出知识。在这个意义上,读书也不能仅仅输入知识,必须要以输出知识为前提。

要想输出自己阅读的内容,就必须让自己在某些地方写下来的内容在事后也可以找到。

这时,起到索引作用的工具就是便利贴。

把便利贴贴在自己留意的那页上,就可以直接发挥索引的作用。由于还可以在便利贴上写下信息,那么写下容易参照的关键词和小标题最好不过了。

不耐烦使用便利贴的人,也可以把重要的一页折起来。

这种时候就要把重要的地方画线，在留白处记笔记。

我一般都用三色圆珠笔进行操作。

三种颜色中，黑色是写普通的资料用的，剩下的就用红色和蓝色。

两种颜色具体的使用方法是，第一次阅读时在意的地方画上红线，然后就只读画红线的部分，要碰到还是感觉很重要的地方就画蓝线。

一开始可能很难平衡红线和蓝线的数量。有时红线一个劲地增加，而画蓝线的地方很难决定。

但是，重复了几次之后，应该就能掌握诀窍了。一旦红线的数量得到控制，而真正有用的地方才画蓝线时，就说明可以高效阅读了。

当然，各种颜色的使用方法没有正确答案。还是要按照自己的风格进行安排。

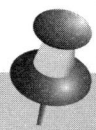

第7章

习惯七:高效能人士通过输出学习强化知识

从鹦鹉学舌开始

 学习的关键在于输出知识

正如前文所说,成人自学中最重要的是输出知识。我认为自学的目的就在于此。

受到国外唯结果论的观点影响,人们都依据结果来评价一个人。像我这种只不过出版过著作的人,在美国等国家也会受到尊敬。

"我写的不是专业书,内容都很浅显的。"
"我写的是备考指导书。"

就算我如此说明,别人还是会赞赏我:"尽管如此,能出版图书还是很了不起的。"这让我很不好意思。

在日本，学习就是输入知识这一认知根深蒂固。也正是在这种背景下，速读及收集信息的方法等相关方面的图书常年热卖。

但是，无论读多少书，不输出出去就没法确认自己究竟理解了多少。总觉得自己好像知道一点，这种心态太危险了。这样一来，好不容易学到的东西就没有价值了。

输出知识可以帮助整理输入的知识。

另外，输出还能加强记忆力。输出已经记住的知识，可以更高效更容易地牢记。

而且，在日本，能将学到的知识准确说明出来的人在现实中更容易得到认可。

当我把自己学到的精神分析相关的最新知识分享给他人时，别人会夸赞我："没想到你这么博学多识。"

虽然我也会回答："我也是在默默努力学习的嘛。"不过我看起来真的像不学无术的吗……

不管怎样，擅长输出的人，就会拥有吸引他人的力量。

进行输出训练时，模仿他人的方法比较有效。把他人说过的话，用自己的语言重新阐述。

我之所以能滔滔不绝地谈论葡萄酒，也是现学现卖，学老师说过的话。说其中八成是模仿他的也不为过。

看完新闻解说的节目后，可以试着把内容概括给周围的人听。

如果以此为前提获取信息，就会从一开始对信息进行整理和记忆， 输入的效率应该会大幅上升。

另外，如果他人提出疑问，你就会对此进行深入调查再回答，这样也能加深学习。

虽然可能有人会指出："你这不是照搬池上彰在电视上的解说嘛。"不要气馁，继续这么做。这一过程持续下去，知识就会得到整理。

过了一年后，池上彰说过的话大部分观众已经忘了，可能他人就会佩服你是个博学多识的人了。

说到底，就算想模仿池上彰说话，也不可能和他一样说得容易理解。

模仿他人的诀窍在于要经常锻炼。

销售也是，哪怕跟 10 个客人进行推销后说话还不熟练，那么经过 100 个客人了以后，就能根据客人的类型进行推销了。

同理，模仿他人的次数越多，也会形成属于自己的说话模式。

模仿他人最终要达到的，就是找到具有个人特色的内容。

第 7 章 习惯七：高效能人士通过输出学习强化知识

自己是什么立场

 从自己的视角说话

通过模仿他人提升自己的谈话能力后,下一步就是从自己的视角说话。

平庸的意见在网上到处都是。具有输出价值的内容,只能从视角上区别开来。

说出异于常人的意见,需要极大的勇气。我很能理解那种害怕被他人排斥在外、害怕被忽视的心情。

我在报纸和杂志上发表评论时,凡是我自己的意见,大多数时候都会被删掉。

最近,我已经放弃这些枪毙我的媒体,果断开始在博客上发表言论。

具体举个例子吧。

2016年7月，神奈川县相模原市的残障人士福利机构发生了一起史无前例的大规模杀人事件，造成19人死亡、26人受伤。

"这件事真是残忍至极！""不仅是被害者，家属们的心情也很痛苦。"发生这种事，这些想法我也能理解，不过这样的话谁都能说。当然，媒体前的观众虽然可以得到共鸣，但为了给出新的信息和视角，我就必须要用到精神科医生所拥有的知识。

收到采访邀请后，我便开始认真思考，以精神科医生的立场应该从哪个视角进行评论。

最后，我将我思考的结果发表在博客上。

思考"正义"的前方是什么

 思路不要局限于"正确"

当时,媒体给出的意见是犯人的优生思想。即认为应该控制不良后代的诞生,增加优秀后代,以此来促进人类进步的思想。社会不需要残障人士的观点也与此相关。

我完全不同意这种观点,但事实是社会上的确有一些人有这种思想倾向。

或许是我主观臆测,社会上应该还是有一定数量的人认为,与其把钱花在残障人士福利上,不如用在其他预算里更好。

说不定一万个人里还有一个认为,残障人士非常碍事,全没了就好了。这样算来,全日本可能有一万个人是这么想的吧。

我认为这是种非常危险的思想。但并不是所有这么想的人

都会像那个犯人一样实施这起犯罪。

"这起事件的发生并不只是优生思想的问题。在有优生思想倾向的人中，**为什么只有这个罪犯引发了这起杀人事件。**"

因此，我提出了这个问题。

通过这个问题，我又提出假设，是否存在药物滥用的可能性？实际上，的确有医生诊断嫌疑人为药物性精神障碍。基于这种假设，我认为也应该禁止滥用药物。

另外，在我看来，"给卧病在床的人和老年痴呆症患者采取延长寿命措施，只不过让他们受苦，太可怜了"这种论调，其实和优生思想没什么关系。

要是接受延长生命治疗的患者本人可以表达出不想治疗的意愿那还好说，第三者真的可以自说自话地断定这种治疗很痛苦吗？由于和我自己的工作相关，我也考虑过这些事。

要是拘泥于"正确"，思路就没法打开。希望各位能够想想，你能从异于他人的视角，提出什么样的主张呢？

第 7 章 习惯七：高效能人士通过输出学习强化知识

让听众服从你

 从简单入手

指导学生备考时,我建议考生们碰到难题时,多给周围的朋友解释,这样自己的学习能力也会提高。在跟朋友解释的过程中,自己也能更清晰地理解要点。

不要找容易教的人,而要找那些固执己见、对细微处容易产生疑问的人。

如果你的说明能让固执己见的人也心服口服,那你的理解力就会飞速提升。

"问这种理所当然的问题别人可能会笑我。"
"总之我先装作懂了吧。"

世上大多数人都是这么想的,不会故意提出问题。因此会提问的人都是宝贵的。

碰到挑刺的人,要怀着感谢的心情努力说得更容易理解。

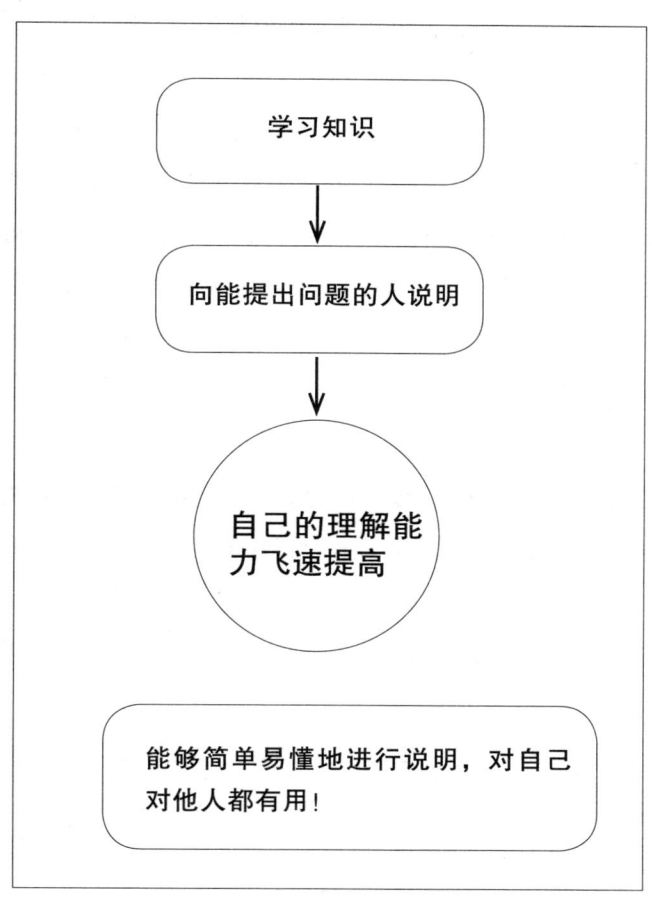

我在演讲时都会留心先说结论。

先说结论的话，听者就会认为接下来的内容都与结论相关。和不知道结论的情况下听演讲相比，能大幅度加深理解。

工作上有能力的人，大多都有先说结论的习惯。

比如做销售报告时，先说本月盈利（或亏损）多少日元，再说明理由、经过和对策，听者也容易进行判断。

我经营着补习班，便会一边看着模拟考试成绩一边进行考试辅导。在这种情况下，我也会先说结论，即现在距离这个学校的分数线还差多少分。然后再思考要怎么做才能提高这么多分数。减少粗心造成的错误，减少计算错误，把能记住的内容记牢等。

与此相对的，**工作上没有能力的人，会喋喋不休地从头开始讲经过，不知道想说什么。**导致听者焦躁不安也是正常的。

或者，没有能力的考生也是。只看到自己做得不好的地方，沉浸在失落中，完全看不到应该从什么地方改善，成绩上不去也是理所当然的。

可能也有人不想先说结论影响氛围，但从结果而言，说话暧昧不清造成损失的还是自己。

说话时还是要先说结论。

第 7 章　习惯七：高效能人士通过输出学习强化知识

你的文章你做主

 高效能人士喜欢通过写作输出知识

输出学习内容的方法中,写作必不可少。

在与他人对话和发表演讲时,那种临场感较强的输出可能容易产生情绪化的发言,内容也会比较杂乱。

与此相对的,写作时可以重复阅读自己写过的内容,冷静地检查数据是否有误、有没有错字漏字等。

通过文章冷静地进行输出,人便更富有智慧。

如今,人可以在博客、推特、Facebook 上轻易地表达自己的主张。也可以自由写作正式的论文、尝试自费出版并向商业出版而努力。

对我来说,写作是我生活中重要的支柱。

我有幸经常接到约稿，图书出版后为我带来收入。不仅如此，我还可以在博客上畅所欲言，不用向别人妥协，极大地帮助我缓解了压力。

更重要的是，**写作这一行为，为我平常的学习提供了支撑和保障。**

因为我出版过很多书，就有人觉得我博闻强识，真是个天大的误解。

从我开始进行写书这项工作后，调查了很多资料，听别人说过了很多故事。我将从中获得的素材通过写书输出去，经过这个过程，知识就属于我自己了。通过写博客进行输出也是同样的道理。

我在书本中一直非常控制语气，但写博客时就会肆无忌惮地长篇大论，这样可以释放我的烦躁和不满。

如果没有写作的机会，我可能对学习不会像现在这么积极。能够自由地进行写作，让我获益匪浅，这对我也可以说是种巨大的救赎。另外，就算没有出书，如今这个能够用博客表达自己观点的时代也是个幸福的时代。

如今写作是我毕生的事业，我也曾写过以写作方法为主题的书，但事实上，我原本非常讨厌写作。

我也曾想过,如果可以的话,真希望能避开写作这件事。

毕竟我在上高中之前,最差的学科就是语文。不管是读小说还是写作文我都非常讨厌。

读医学部一个重要的原因,就是觉得当了医生好像不需要写作能力。同时,我想当电影导演也是认为,影像能展现出我独特的风格。

话虽如此,人生总是往意想不到的方向发展。

因为拍自制电影欠了钱,我机缘巧合接到了写作的工作。

刚开始也吃过苦头,幸好编辑照顾我。虽然严厉地指出了我的不足,但还是改好了我写的文章。

阅读编辑给我的修改要点,我很快就掌握了窍门。

我发现归根到底就是,**不要害怕文章乏味无趣,写得容易理解就好。**

受到学校教育的影响,读书就是读小说、读文章就要读名家美文的观念在日本深入人心。这就是让许多孩子讨厌语文、讨厌读书、讨厌文章的终极元凶。

学校的语文课需要从文章中理解感情,锻炼通过文字表达感情的能力,将重心放在了文学上。

相对的,国外重视论述类文章的阅读理解,在语法教育方面也下了功夫。写作方面也是,**并非训练学生写表达心情的文**

章，而是训练报告类等具备定式的文章的写法。这样一来便产生了完全相反的现象。在国外，容易理解的文章是好文章，而在日本，反而很难理解的文章才容易得到认可。

尽管我认同出色的心理描写具有价值，但成年人在工作和学习中应该使用的是容易理解的文章。

以"容易理解"为目标，不管是谁都能做到吧。

要想自然地写出容易理解的文章，重要的是研读符合定式的范文。

所谓定式，就是展开论述的方法。按照定式来写，就能专注于遵守规则，写作时就不会分心。

话虽如此，就算有定式，不擅长写文章的人可能还是抓不住要点。

对于这样的人，也有办法掌握属于自己的文章定式。那就是学习准备高考时用到的写小论文的技巧。

高考的小论文大多是让学生对指定主题提出肯定或否定的主张。

尤其需要在 1200 字等固定的字数限制中有条理地进行记述，因此论点的展开部分占据了关键地位。

书店的高考参考书书架上，摆着好几本面向高中生的小论文参考书。建议大家现场翻阅几本，选择最适合自己的买回家。

一般来说，逻辑论述分为四个步骤：

①**提出问题**

②**表明观点**

③**进行论述**

④**给出结论**

樋口裕一可谓是高考小论文界第一人，也是畅销书《看完就用的聪明说话术》的作者，他的指导方法非常有名。

第一步"提出问题"中，要引用设问的题目。

第二步"表明观点"中，要表明肯定或否定的立场。

第三步"进行论述"中，要深究自己观点的论据。引证自己的知识，引用参考文献，才能丰富自己的观点。

最后"给出结论"时，把前文的内容进行总结，给出肯定或者否定的最终结论。这就是全部流程。

掌握了逻辑论述的方法，文章的逻辑性就会大幅提升。写出符合定式的文章，就能围绕各种各样的主题大量进行写作了。

文章一定要起个标题。哪怕是暂定的也没关系，在写文章之前就要起好。

在有意识地受到标题影响进行写作时,可以起到明确论点的效果。

暂时写完时,重新检查下是否依据标题展开。如果论点偏离,就对文章进行修改或删除。

重新阅读内容后,可以给文章起一个与内容更加相符、更具吸引力的标题。

我在写这本书时,曾起过一个暂定的书名《成年人的自学学习法》。

除了畅销的《写给成年人的学习方法》之外,我围绕成年人学习的主题写过好几本书,比如《退休后的学习方法》《50岁开始学习的方法》等。

如果按照与已有著作相同的方向来写,选题就没有新意了。因此,我把"自学"这个关键词放进了标题里。

由此明确论点为:面向商务人士讲述如何自学。

另外,在我想准确地描述事实时,会像体验报告一样,写全时间、地点、人物、事件、经过。

这就是所谓的 5W1H,写作时我们需要注意,这些要素是基本的要点。

按照 5W1H 这一定式进行写作,自然就能掌握让读者容易理解文章的写作能力。

就算想把学到的知识输出去，坐在电脑前，文章也不可能立刻就浮现在脑海里。

我应对的方法是先写大纲。

所谓大纲，就是一目了然地用图来表示写什么内容、按照什么顺序写。硬要说的话，有点像文章的设计图。

通过写大纲，就能明确自己想说什么，用什么样的逻辑论述表达出来。

不擅长写文章，坐在电脑前想不出一个字的人，大多都是不画设计图指望临场发挥。

这样一来，就算花了时间也写不出什么东西。

写大纲也是一种帮助人高效写文章的手段。

我在写这本书时，也先写了大纲。

高效能人士的学习习惯

・为什么自学最高效　　・高效学习时不可缺少的准备

・掌握独特的视角　　　・和田式自学法

・高效学习时间管理术　・读透有用的书

・输出学习内容

总而言之，就是先写目录再开始动笔。多阅读其他书的目

录,就会明白这本书的逻辑结构了。

"第一章→第二章→第三章→第四章→第五章"这样的书是不断积累知识,在最后给出结论的。

"第一章、第二章、第三章、第四章、第五章"这样的书是并列列出不同知识的。

从中可以反映出编辑和作者的意图。

可以参考这类书来研究逻辑论述。

就算要写篇幅短的专栏文章时,也推荐大家从一开始就写一些简单的大纲,分条列出来就足够了。

这样也能起到防止漏写内容的效果。

写文章时,最基本的一点就是要明确主语和谓语。比如下面这个句子。

> 我学习的科目是,为了以管理层的身份提高团队能力,学习管理的知识。

有没有觉得哪里奇怪?在例句中,主语和谓语搭配不当。"学习的科目"这个主语应当对应"是"这个谓语。然而这里对应的却是"学习"这个谓语,就让人觉得奇怪了。

要是把脑海中的文章直接写下来，一不小心就会产生主谓搭配不当的问题。

在刚开始的时候，哪怕觉得自己过于仔细也没关系，一定要明确主语和谓语。这种想法对小孩子写作文也通用。

> 我学习的科目是，为了以管理层的身份提高团队能力所需要的管理知识。

要想明确主语和谓语的关联性，还可以像下文一样分成两句。

> 我学习的科目是管理。我是为了以管理层的身份提高团队能力而学习。

在写作方法的入门书中，倾向于指导读者写短句。也是因为这样容易明确主语和谓语。

虽然我在前文中说过要明确主语和谓语，但如果过于拘泥于这些，文章就会变得像是初学者写的一样了。

文章写得好的人，会故意使用技巧省略主语。以夏目漱石

《少爷》的开头为例。

> 由于天生的暴脾气，儿时吃尽了亏。小学时从学校的二楼跳下去过，大概一周都没直得起腰来。

如果规规矩矩地使用主语和谓语，应该这样写。

> 我由于天生的暴脾气，儿时吃尽了亏。
> 我小学时从学校的二楼跳下去过，大概一周都没直得起腰来。

怎么样，是不是多了种拖沓的感觉？尤其是"我"这个主语连续出现了两次，感觉很啰唆。

果然，省略主语的原文更为简洁有韵律。

习惯写作之后，就可以省略主语了。但还是要注意，不要让文章的意思模糊不清。

究竟在什么情况下省略比较好，在什么情况下省略不太好，应该看情况而定。由于没有正确答案，就要在推敲文章的阶段，边考虑读者的想法边修改。

因为自己写的文章自己能够理解,所以就算稍微暧昧一点也能明白意思。但是,第一次阅读的读者只能通过眼前的这篇文章来判断。所以要牢记这一点,努力写出容易理解的文章。

写作中常犯的失误是,采用只有自己和与自己亲近的人才能看懂的写法。

无论文章多么精雕细琢,读者还是无法理解。

写公司内部的报告书时,由于读者是上司和同事,大家共有一些不用特意说明的基础知识。因此,就算省略细节的信息也不会产生阅读障碍。但面向普通人的文章并非如此。

就算有的内容觉得对方可能明白,但在大多数情况下其实对方并不理解。

不擅长写文章的人可能会觉得,如果可以的话真不想写,就按照需要的最低要求写文章吧。如果有这种心态就需要注意了。

就像我在前文用了"优生思想"这个词。有的读者可能理解,有的读者可能不理解。

以前有过这样一件事。

我写过一本关于备考的学习方法的书,有个人在这本书的亚马逊评价中,点评我是个有优生思想的人。可能因为我在书里写学历高一点比较好,就批判我是个学历至上主义的人。但实际上我的主张是,无论是谁,只要改变方法就能学得好,所以这本书和重视天赋的优生思想刚好相反。

如果是和别人对话,在对方无法理解时,就可以提问:优生思想是什么?说话人听到对方的提问后只要详细说明就好。

然而,文章的读者没法向作者提问。读者没法理解时,就会在那里止步不前了。由于读者是许多不特定的人,应该以读者一无所知为前提来写。就算觉得"这种内容也该知道吧",也要记得把所有内容说明清楚。

我在这本书中对优生思想是这么记述的:优生思想,即认为应该控制不良后代的诞生,增加优秀后代,以此来促进人类进步的思想。社会不需要残障人士的观点也与此相关。

基本上来说,告诉读者信息越多越好。与其省略,不如规规矩矩地写文章。其实有很多人误解了自以为知道的东西。

虽然能够理解怎样进行逻辑论述,但实际写起来的时候却写不好。不习惯写作的人也有可能落入这个陷阱。

这时我要传授的秘籍就是"借鉴"。

正如字面所示,这个技巧就是指把其他人写的文章借用过来。话虽如此,如果照搬复制那就是抄袭了。

因此这里说的不是复制,而是借用优秀文章的定式。在此

基础上换用主语、谓语、目的语,就能轻易写出文章了。

借鉴这个方法原本是我从英语学习方法中得到启发的。

我在著名升学名校滩高中上学时,英语老师就说过:

"英语写作就是借鉴。"

我们日本人在写英语文章时,按照语法堆叠单词和惯用语就很辛苦了。

与其这样,不如找到和自己想表达内容近似的英语文章,替换其中的单词,这样不仅写得容易,文章也比较自然。

小孩子记词语的时候也是,并不是学会语法和单词后进行组合的,而是模仿周围大人说的话和绘本里的文章说出来的。写文章时应该也可以用这种办法。

那么,应该借鉴什么样的文章呢?

无论是报纸专栏、热门的博客还是作家随笔都行。总之就是要大量阅读文章,找到其中具有说服力的就行。

但是,有的作者会使用个人风格比较强的文风,在借鉴时可能会被影响。

因此,还是找一些没什么个人特点又容易理解的文章比较好。

写完文章让写得好的人修改一下获得反馈也是提升能力的

第7章 习惯七：高效能人士通过输出学习强化知识

捷径。

让别人修改文章可能不是一件令人心情愉悦的事，或许有些人还会觉得害羞。

但我可以断言，屏蔽这些感情的干扰，你的收获会非常大。

正如前文所说，我在美国留学时让专业的编辑帮我修改过论文。

英语是母语的美国人大多也不擅长写英语文章。因此便有了编辑这个职业。

编辑帮我修改之后，我的英语写作技能大幅提升。

话虽如此，不一定每个人的周围都有可以修改文章的人。就算有人文章写得好，指导他人时也会犹犹豫豫。

这时就要考虑付费接受指导。

参加语言学校的短期写作课程也是一种方法。这样或许已经偏离了自学的宗旨，但也可以当作为了自学而提升技能。

也可以利用高考小论文指导课程。有些可以通过远程教育进行指导修改。但就算是指导小论文的专家，实力也有差别。需要注意的是，其中有些人可能只会按照定式进行指导。

要是因为报名费便宜就扑上去，反而有可能遭受损失。虽然也不能断定报名费越高，修改指导的人水平就越好……

一边摘抄名篇一边领悟文章风格是以往就有的方法,以前一般也是通过这个方法来提高写作水平的。

要想成为小说家,可以摘抄文坛泰斗的文章。要想提高在社交网络上写小短文的技术,就摘抄当今报纸专栏上的文章。

比如商店有专门出售"天声人语摘抄本"的笔记本,用来摘抄朝日新闻的《天声人语》。一旦使用这些工具,就会很容易养成习惯,开始每天摘抄一些长度适中的文章。

由于报纸的专栏会选取时事话题,这样就能了解世间动态。另外,还能用来参考如何引用过去的事件和知识、文章的结构等。当然,不用局限于报纸,也可以摘抄喜欢的专栏作者和随笔作者的文章。

正如我前文提到的,阅读和自己意见相仿的内容也是有价值的。

第7章 习惯七：高效能人士通过输出学习强化知识

你需要有行动力

 去实践，才能有所突破

最后我要再说一遍，提高写作能力的最好办法就是投入实践、持续写作。

话虽如此，不习惯写作的人可能会在踏出第一步时犹豫不决。那么首先就要创造出方便自己写作的环境。

写作时不一定要像在舞台上拿着麦克风唱歌那样那么正式，只要用在澡堂里哼歌时的心态就行。

如今可以在博客和社交网络上写日记。 简单总结一天发生的事，加上自己的想法。一直写下去也是种很好的写作训练。没写过日记的可以写和自己兴趣相关的文章。聚焦自己感兴趣的题材，素材也比较丰富。

我能克服讨厌写作的问题,单纯只是因为在持续写作的过程中习惯了而已。习惯之后渐渐就不那么抵抗写作了。

总之就是要不断实践。

后记
有想法就去行动

我写了这么多关于自学的内容,如果各位读者觉得自学能够收获比你想象中更多的东西,自己好像也可以尝试一下自学,那么我这个作者就觉得很荣幸了。

倘若真是这样,我再加一句,希望各位能够尽早开始实行。

可能有很多人觉得,等到退休以后时间多的是,从那个时候开始吧,现在有点忙之类的。

但实际上,人的大脑中一个叫额叶的部分会在40岁之后开始明显萎缩。

这部分萎缩后,人对所有事情的兴致都会渐渐降低。另外,男性由于荷尔蒙的降低,兴致的降低更为明显。

结果就是,有时间的时候兴致衰退,很容易就觉得,事到如今就算了吧。

就算为了避免这种情况,人也要趁着如今还有兴致时开始学习，这样比较明智。

认为自己应该去做、知道应该怎么做、有方向性时，应该是干劲最高的时候。

虽然我常年写关于备考学习的书，但无论知道多少备考学习的方法，如果不实践，成绩就不会提高。有父母向我抱怨，孩子读了我写的备考学习的书，给周围人提了建议，虽然周围朋友的成绩提高了，自己的成绩却下降了。我仔细一问，发现孩子只是读了好几本学习方法的书，关键该学的英语和数学却没有学。

我在最后关于写作的章节中提到——"只要去实践就行"。这句话并不仅限于写作，对任何科目的学习都适用。

我尽量举身边的例子，讲述自己的学习方法和日常生活，并不是夸耀自己的学习方法的正确性，而是相信这样更能激励各位去实践。

最后再加一点，我在写这本书时，其实正在拍的一部电影已近尾声。著作方面同时也有一本自信之作即将完稿。先不谈周围人如何评价我，至少我确实感到自己比以前聪明了。

这让我很高兴，感受到了继续学习的价值。

倘若每天都能进步，就算上了年纪也没什么可怕的。活得越久就越厉害、越聪明。剩下的时间也足够多。就算有不顺心